¡clarísimo!

practice and revision for spanish GCSE

second edition

second edition

¡clarísimo!

practice and revision for spanish GCSE

roselyne bernabeu

JOHN MURRAY

In this series:

Bravo!	Practice and Revision for French GCSE	2nd edn	0 7195 8035 8
Bravo!	Teacher's Notes and Cassette	2nd edn	0 7195 8036 6
Bravo!	Pack of 5 Student's Books	2nd edn	0 7195 8037 4
¡Clarísimo!	Practice and Revision for Spanish GCSE	2nd edn	0 7195 8026 9
¡Clarísimo!	Teacher's Notes and Cassette	2nd edn	0 7195 8028 5
¡Clarísimo!	Pack of 5 Student's Books	2nd edn	0 7195 8029 3
Das stimmt!	Practice and Revision for German GCSE	2nd edn	0 7195 8031 5
Das stimmt!	Teacher's Notes and Cassette	2nd edn	0 7195 8032 3
Das stimmt!	Pack of 5 Student's Books	2nd edn	0 7195 8033 1

Acknowledgements

The publishers would like to thank the following for permission to reproduce text extracts:
Clara **pp. 91, 109**; *Mía* **pp. 21, 28, 41, 53, 118**; *Muy Interesante* **pp. 136, 137, 138**; Publicaciones Heres **p. 16**

Photographs are reproduced courtesy of:
p. 13 Rafael Macia/Ace Photo Agency; **p. 76** John Townson/Creation; **p. 79** © Trip/H. Rogers; **p. 80** Flora Torrance/Life File; **p. 109** *both* Angela Hampton/Family Life Picture Library; **p. 138** © Trip/H. Rogers.

The publishers have made every effort to trace copyright holders, but if they have inadvertently overlooked any they will be pleased to make the necessary arrangements at the earliest opportunity.

© Roselyne Bernabeu 1998, 2002

First published in 1998
by John Murray (Publishers) Ltd
50 Albemarle Street
London W1S 4BD

Second edition 2002

Typeset in 12/14 pt Rockwell by Wearset Ltd, Boldon, Tyne & Wear
Illustrations by Wearset Ltd
Layouts by Wearset Ltd
Cover design by John Townson/Creation

Printed and bound in Great Britain by St Edmundsbury Press, Bury St Edmunds

A catalogue entry for this title is available from the British Library.

ISBN 0 7195 8026 9
0 7195 8029 3 Pack of five Student's Books
0 7195 8028 5 Teacher's Notes with cassette

Contents

5 El mundo internacional 117

Introduction

Using ¡Clarísimo!

■ **Covering the topics**

The five units of *¡Clarísimo!* deal with all the topics you need to cover to achieve the best possible GCSE grade. The last unit is slightly harder, on average, than the earlier units. Working through the book will help to raise the level of your work. However, take your teacher's advice too – it makes sense to practise tasks from the *¡Clarísimo!* unit that covers the topic you are working on in class.

■ **How hard are the tasks?**

The tasks are aimed at Grade C and above, but the difficulty varies within a unit, so you should find that you can gradually do more and more of the tasks.

■ **Checking your Listening and Reading work**

After each Listening or Reading task there is an indication of the maximum mark attainable for that task, and a 'target mark', for example, **[9 marks: ⊚ 6/9]**. This gives you an indication of the score which might be expected of a student working at Grade C level. Occasionally, for easier tasks, the target is full marks. You can check your answers against the answer sheets which your teacher will give you, but, of course, your marking needs to be completely honest if it is to be useful!

■ **Checking your Speaking and Writing work**

There are no marks indicated for Speaking and Writing tasks, as it is almost impossible to self-check performance in these skills. For these tasks your teacher or supervisor will need to check your work, so when you are working on your own, you will need to make a recording of your Speaking tasks.

■ **Using the cassette**

The cassette includes not only the Listening items, but also a recording of the 'examiner's' part for each Speaking role play. This enables you to practise role plays independently.

Strategies for a successful revision programme

- Once you have attempted a task, come back to it a couple of weeks later if you did not achieve the target minimum (Reading or Listening tasks) or if you just want to improve your performance.
- With Listening tasks, when you start your revision and practice programme, feel free to listen as many times as you like, and to pause the tape, before starting your task. However, as you approach exam time, it would be sensible to tackle some Listening tasks according to the timing and play-back requirements of your GCSE exam – check these with your teacher or syllabus.
- With role-play tasks, take some time to prepare what you are going to say before you start the cassette. In the exam, there will be around ten minutes to prepare – check with your teacher exactly how much time your particular exam will allow.
- Each week, flick back through the work you did about a fortnight before to help your memory retain as much as possible of what you have done. Now and then look back further – you'll be surprised to see how much easier those tasks now seem!
- When you have finished the work on a particular piece, learn the key vocabulary that went with it. You will often find that you learn better by recording vocabulary on cassette and playing the material back when you have the opportunity, for example, when you are walking the dog, on the way to school/college, while washing up, baby-sitting, etc. Cut up some card and write a word or phrase on each piece – Spanish on one side, English on the other. Test yourself using the cards and put them into two piles – one for the words or phrases you know, one for those you still need to learn. Put the words you have learnt to one side and come back to them a week later to make sure you still remember them.

ABC exam tips

Use the tasks in *¡Clarísimo!* to practise following these three key rules of exam success:

A **ANSWER WHAT IS ASKED** – It is crucial to read the instructions calmly and carefully to make sure you are answering the question.

B **BEAT THE CLOCK** – To make the most of the time available, do what you can and then come back to the most difficult questions. Don't spend fifteen minutes on a question worth one mark until you have been right through the paper – you could be using that time to achieve far more marks on another task.

C **THE CONTEXT COUNTS** – The context will often help you to work out the likely meanings of unfamiliar words.

Glossary of Spanish instructions

- These instructions are similar to the ones you will have to follow in your GCSE examination papers and they are used throughout the book to familiarise you with the kind of tasks you will be doing in the exam.
- The English translations are given on the right, so that you can check the meaning of an instruction if you need to, but it's worth making the effort to become familiar with the Spanish ones so that they don't put you off when you are taking the exam.
- Not all the instructions on the exam papers are in Spanish. Some of the instructions for Speaking and Writing tasks are in English.

Al lado de cada nombre . . .	Next to each name . . .
Algunos espacios se quedarán en blanco	Some spaces will remain blank
Busca la palabra/la frase/los errores	Find the word/sentence/mistakes
Coloca las siguientes frases en el orden correcto	Put the following sentences in the correct order
Compara . . .	Compare . . .
Completa la tabla/las frases	Complete the table/sentences
Contesta a las preguntas en español	Answer the questions in Spanish
Corrige los errores	Correct the mistakes
¿Cuál/Cuáles . . . ?	Which . . . ?
Cuenta la historia	Tell the story
Da la información siguiente	Give the following information
Da tu opinión/tus impresiones	Give your opinion/your impressions
Decide si . . .	Decide if . . .
Describe cómo . . .	Describe how . . .
Dile que . . .	Tell him that . . .
Ejemplo:	Example:
Elige . . .	Choose . . .
Empareja . . .	Match up . . .
Escoge . . .	Choose . . .
Escribe la letra/el número que corresponde/ una carta	Write the appropriate letter/number/a letter
Escucha el casete/la cinta/la conversación	Listen to the cassette/the tape/the conversation

Explica . . .	*Explain . . .*
Habla de ti	*Talk about yourself*
Haz lo siguiente	*Do the following*
He aquí una lista/un texto . . .	*Here is a list/a text . . .*
Identifica . . .	*Identify . . .*
Imagina . . .	*Imagine . . .*
Incluye los siguientes detalles	*Include the following details*
Indica con una señal (✓)	*Mark with a tick*
Lee el texto/el artículo . . .	*Read the text/the article . . .*
Llamas a . . .	*You are phoning . . .*
Manda una postal	*Send a postcard*
Marca con una señal	*Put a tick*
Menciona los siguientes puntos/datos	*Mention the following points/information*
Mira los dibujos/las fotos	*Look at the pictures/photos*
No necesitarás todas las palabras	*You won't need all the words*
No te olvides	*Don't forget*
Pon . . . en orden	*Put . . . in order*
Pon una señal/una equis en la casilla correcta	*Put a tick/cross in the correct box*
Pregunta . . .	*Ask . . .*
Prepara una presentación sobre . . .	*Prepare a presentation on . . .*
Rellena la ficha/los espacios con las palabras adecuadas/las palabras de la casilla	*Fill in the form/the gaps with the appropriate words/words from the box*
Responde a las preguntas	*Answer the questions*
Según la información	*According to the information*
Subraya la palabra correcta	*Underline the correct word*
Utiliza los dibujos de abajo	*Use the pictures below*
Verdad/mentira/no se sabe	*True/false/not known*
Verdadero/falso	*True/false*

La vida cotidiana

1.1 Alfonso describe su instituto

A Escucha y contesta

Alfonso habla de su día en el instituto. Escribe la letra correcta en la casilla.

1 El instituto se encuentra
   a en el centro de la ciudad
   b en el campo
   c bastante lejos del centro ☐

2 El instituto se encuentra
   a cerca de la playa
   b lejos de la playa
   c en un pueblecito ☐

3 A Alfonso le gusta
   a ir siempre al instituto
   b ir al instituto de vez en cuando
   c ir a la playa todos los días ☐

4 Las clases empiezan a
   a las ocho
   b las ocho y media
   c las nueve ☐

5 Alfonso vuelve a casa
   a en autobús
   b a pie
   c en bicicleta ☐

6 Alfonso cena
   a con amigos
   b en un restaurante
   c en casa ☐

7 Su asignatura favorita es
   a la biología
   b el francés
   c las matemáticas ☐

8 ¿Cuál es correcto?
   a A Alfonso le gusta el profesor de inglés.
   b Alfonso prefiere el profesor de inglés al profesor de biología.
   c Alfonso odia al profesor de inglés. ☐

9 ¿Cuál es correcto?
   a Alfonso tiene que llevar uniforme.
   b Alfonso tiene que llevar corbata.
   c Alfonso puede llevar vaqueros. ☐

10 ¿Cuál es correcto?
   a Alfonso puede fumar en las aulas.
   b Alfonso puede fumar en cualquier parte del instituto.
   c Alfonso puede fumar en los pasillos. ☐

[10 marks: 7/10]

B Habla: Presentación

Describe tu instituto. Prepara una presentación. Menciona:

■ si el edificio es moderno o viejo
■ cómo son los profesores
■ tus asignaturas favoritas
■ una cosa que te gusta
■ una cosa que no te gusta.

1.2 El horario de Jorge

A Lee y contesta

Lee el horario y completa la tabla con una señal (✓) en el espacio adecuado.

Horas	lunes	martes	miércoles	jueves	viernes
09.00–10.00	biología	lengua española	física	arte	matemáticas
10.00–11.00	inglés	lengua española	química	historia	literatura española
11.00–11.20	R	E	C	R	E	O
11.20–12.20	literatura española	arte	matemáticas	geografía	inglés
12.20–13.20	matemáticas	inglés	biología	geografía	lengua española
16.00–17.00	geografía	física	deportes	química	biología
17.00–18.00	arte	matemáticas	deportes	música	historia

	Verdad	Mentira	No se sabe
1 Jorge estudia muchas asignaturas científicas.			
2 Jorge estudia muchos idiomas extranjeros.			
3 No hay comedor en su colegio.			
4 Tiene poco tiempo para comer.			
5 Tiene dos horas diarias de deportes.			
6 Juega al baloncesto y al fútbol.			
7 Tiene cinco horas de español en total.			
8 Jorge quiere ser científico.			

[8 marks: 5/8]

B Escribe

1 Rellena el horario de abajo con todas las asignaturas posibles.

Horas	lunes	martes	miércoles	jueves	viernes

2 Imagina tu colegio ideal. (100–120 palabras)

- ¿Cómo sería el uniforme?
- Describe los edificios que compondrían el colegio.
- ¿Cómo serían los profesores?
- ¿Tu horario ideal?

1.3 El horario de Rocío

A Escucha y contesta

Rocío habla de su horario para el martes. Rellena los espacios.

	Clase	Asignatura	Aula	Hora a la que empieza
Ejemplo:	1	*historia*	*34*	*09.00*
	2			
	3			
	4			
	5			

[12 marks:  9/12]

B Escribe

Tu amiga española va a pasar un día en tu instituto. Escríbele para explicar cómo va a ser el día. Menciona:

- transporte al instituto
- tu horario para el día
- un incidente que ocurrió recientemente
- una clase que no te gusta
- tu profesor favorito/profesora favorita
- adónde vais a almorzar.

C Habla: conversación

Describe cómo pasas un día en tu instituto. Mira los dibujos, escucha el casete y contesta a las preguntas. Tu amigo habla primero.

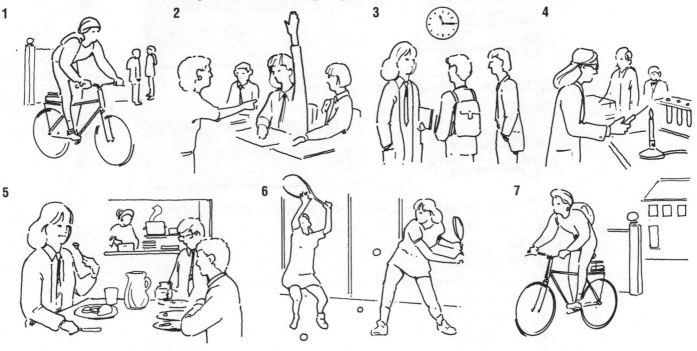

1.4 Un e-mail

A Lee y contesta

Lee este fragmento de un e-mail. Contesta a las preguntas. Escribe **a**, **b** o **c** en la casilla.

A las seis y media esta mañana, estaba todavía en la cama. El despertador no había sonado, y mi padre llamó a la puerta preguntando por qué no me había levantado hacía diez minutos.

A las siete tengo que estar en la parada de autobús. Pero esta mañana el bus ya había salido. Volví a casa y mi padre ofreció llevarme al colegio en coche. ¡Qué suerte! Normalmente tardo una hora en llegar pero en el coche de mi padre el viaje duró veinte minutos menos. Los martes tengo primero una clase de geografía. ¡Qué aburrimiento! Luego una clase de inglés. Luego charlo con mis amigos y a la una salgo a hacer unas compras. Por las tardes tengo dos clases más, y luego vuelvo a casa. A las 18 horas estoy cansado pero tengo que empezar mis deberes. ¡Cuánto trabajo!

Los fines de semana tengo un poco de tiempo libre y me gusta practicar deportes. El baloncesto es mi favorito y en mi equipo ¡soy el capitán!

Hasta pronto.

Ricardo

Ejemplo: *¿A qué hora tiene que levantarse Ricardo?*
a 06.20
b 05.30
c 07.00   `a`

1 ¿Cómo va Ricardo al colegio normalmente?
    a   **b**   **c**

2 ¿Cómo va Ricardo al colegio ese día?
    a   **b**   **c**

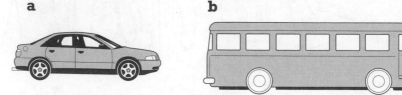

3 ¿Cuánto tiempo dura el viaje al colegio normalmente?
  a 20 minutos
  b 40 minutos
  c 60 minutos

4 ¿Cuánto tiempo dura el viaje al colegio ese día?
  a 20 minutos
  b 40 minutos
  c 60 minutos

5 ¿Qué asignatura prefiere Ricardo?
- **a** la geografía
- **b** el inglés
- **c** la historia

6 ¿Qué tiene que hacer Ricardo después de las seis de la tarde?

a   **b**   **c**

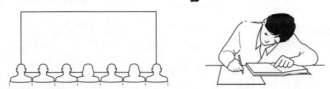

7 ¿Qué días practica deportes Ricardo?
- **a** sábado y domingo
- **b** lunes y martes
- **c** miércoles y jueves

8 ¿Cuál es su deporte preferido?

a   **b**   **c**

9 ¿Cómo se sabe que Ricardo juega bien?
- **a** Juega mucho.
- **b** Tiene un puesto importante en el equipo.
- **c** Dice que juega bien.

[9 marks:  **6/9]**

B Habla: conversación

Describe cómo empiezas el día. Mira los dibujos, escucha el casete y contesta a las preguntas. Tu amiga habla primero.

1

2

3

4

5

6

1.5 El instituto de Irene

A Lee y contesta

Lee la redacción de Irene y rellena la tabla con la información correcta.

EL INSTITUTO
Irene Cuevas (1° E)

Desde el primer día que entré al Instituto, lo que más he pasado ha sido sueño.

Hay algunas cosas del Instituto que me gustan, por ejemplo, el laboratorio, la historia (las diapositivas, la forma de enseñarnos . . .), gimnasia, que las clases sean de cincuenta minutos, que haya dos recreos, las actividades libres, el interés de los profesores hacia nosotros . . .

Yo creo que en el Instituto hay una buena organización de las clases, seminarios, biblioteca y todo eso. De momento, por lo menos en el poco tiempo que llevo aquí, estoy bastante contenta . . . excepto con lo de empezar a las 8:30 de la mañana.

Lo que más me gusta de todo, es que me haya tocado el turno matutino. Aunque se empiece pronto, creo que yendo por la mañana tengo una mejor organización del tiempo para estudiar y hacer deberes (abundantes, por cierto). Creo que si fuera por la tarde no podría sacarme el curso.

1 Lo que le gusta	2 Lo que no le gusta	3 Lo que prefiere y por qué
a	h	i
b		
c		j Porque
d		
e		
f		
g		

[10 marks: 6/10]

B Escribe

Write in Spanish about your impressions when you started at your new school.

Mention:

- the pupils
- the teachers
- the lessons
- the school meals
- homework
- the general atmosphere in the school.

1.6 El profesor de inglés

A Lee y contesta

Cinco jóvenes hablan de su profesor de inglés, el señor Carrasco.

¿El señor Carrasco? Lleva quince años en nuestro instituto y me parece que ya está harto de su trabajo. Nos dice que ha pasado mucho tiempo en Inglaterra y que habla inglés con soltura, pero a mí me parece que no sabe contestar a nuestras preguntas y a veces inventa cosas. Además, se enfada muy fácilmente. ¡Ojalá pudiera cambiar de profe!
Pepe

¿El señor Carrasco? Es siempre muy severo con nosotros pero como entre mis amigos hay algunos que hacen el tonto cuando puedan, me gusta que el profe sea así. He aprendido tantas cosas en sus clases que tengo que decir que es mi profesor predilecto.
Ricardo

El señor Carrasco es aficionado del Real Madrid. Va a todos los partidos y no habla de otra cosa. Está claro que su equipo le es más importante que su trabajo.
José

El señor Carrasco lleva tres años enseñándome inglés. No cabe duda de que sabe mucho inglés. Ha pasado tiempo allí y siempre sabe contestar a mis preguntas. Si tengo que criticarle, es que me parece que debería ser más severo con los alumnos porque son muchos los que hacen el tonto en sus clases.
Cristina

El señor Carrasco me enseña inglés desde hace tres años. Ni siquiera sé decir mi nombre y mi edad en inglés. Pero no digo que esto sea culpa suya. Es que soy muy vaga y nunca hago mis tareas. ¡Ojalá hubiera estudiado más! Mis amigos han aprendido mucho de ese señor.
Mariluz

Escribe el nombre de la persona que tiene las opiniones siguientes:

1 El señor Carrasco es experto en inglés pero debe castigar más a los que no se comportan bien en clase.

   Nombre ....

2 El señor Carrasco es buen profesor y si yo hubiera trabajado más hablaría inglés bastante bien.

   Nombre ....

3 El señor Carrasco no es experto en inglés y es mal profesor.

   Nombre ....

4 Al señor Carrasco le gusta demasiado el deporte.

   Nombre ....

5 El señor Carrasco es buen profesor y hace lo necesario con los que quieren hacerse el tonto en clase.

   Nombre ....

[5 marks: 3/5]

B Habla: presentación

Using the following pictures, prepare a presentation describing one of your teachers. Describe what he or she looks like, wears and does.

1

2

3

4

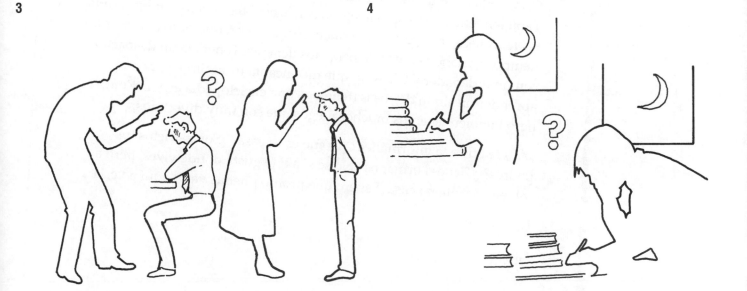

C Escribe

Una nueva profesora acaba de llegar a tu instituto. Escribe una carta a tu amigo español describiéndola. Menciona:

- cómo es
- la ropa que lleva
- lo que enseña
- cuándo llegó
- tu opinión sobre sus clases
- la opinión de tus compañeros
- una excursión con la nueva profesora la semana que viene.

1.7 La casa de Silvia

Granada, 19 de agosto de 2002

Querida Jane:

Soy tu nueva amiga española. Me llamo Silvia y tengo 16 años. Mi profesora de inglés me ha dado tu dirección para que podamos escribirnos. Soy alta, rubia, con los ojos castaños. Mis amigas dicen que soy bastante guapa, pero no sé. Soy muy simpática y me gusta salir con mis amigos.

Mi casa es muy bonita. Es un chalet con un jardín precioso lleno de flores – hay unos geranios enormes y una fuente de ladrillos azules y blancos. La casa tiene un piso solamente, con cuatro dormitorios, una cocina integral, un salón-comedor bastante grande, dos cuartos de baño y dos aseos. Mi dormitorio es mi cuarto preferido porque es azul marino y allí tengo mi equipo estéreo y mis estantes con libros, fotos y CDs. En las paredes tengo muchos pósters de cantantes famosos. También tengo mi propio teléfono con el cual llamo a mis amigas cada tarde. A veces mis padres me riñen porque dicen que paso demasiado tiempo charlando en vez de hacer los deberes. Tenemos un despacho con un ordenador y CD Rom que me encanta usar. Sirve para aprender un sinfín de cosas (tenemos una enciclopedia en CD Rom) pero también tenemos muchos juegos que son muy divertidos.

¿A ti te gusta la informática? ¿Cómo es tu casa? ¿Son estrictos tus padres? ¿Tienes hermanos? No sé si a ti te gusta donde vives, pero a mí me encanta mi casa. Espero que pronto puedas venir aquí a verla.

Un abrazo,

Silvia

A Lee y contesta

Contesta en inglés a las preguntas:

1 Give four details about Silvia.   [4]
2 Give four details about her house.   [4]
3 Give four details about her bedroom.   [4]
4 Why do her parents sometimes tell her off?   [2]
5 Give two reasons why she enjoys using her computer.   [2]

[16 marks: 10/16]

B Escribe

Escoge **o** el tema 1 **o** el tema 2.

1 Escribe una carta a Silvia. (120 palabras)
Háblale de ti, de tu familia y de tu casa.
Menciona lo que hiciste el fin de semana pasado y lo que vas a hacer el fin de semana que viene. No te olvides de contestar a todas las preguntas de su carta.
2 Vas a visitar a Silvia en Granada. ¿Vas a pasarlo bien? Da tus razones incluyendo estos puntos:

- la personalidad de Silvia
- sus intereses
- la región donde vive
- las cosas que vas a hacer durante tu visita.

C Habla: conversación

You are spending some time in Granada with Silvia. You speak first.

1 Find out what time she usually gets up in summer.
2 Find out what time she usually has lunch.
3 Say you would like to go swimming.
4 Ask if you can play on the computer.

1.8 Los quehaceres de la casa

A Escucha y contesta

Escucha a los cinco jóvenes. Hablan de lo que hacen en casa para ayudar. Pon unas señales (✓) en las casillas correctas. Pepe habla primero.

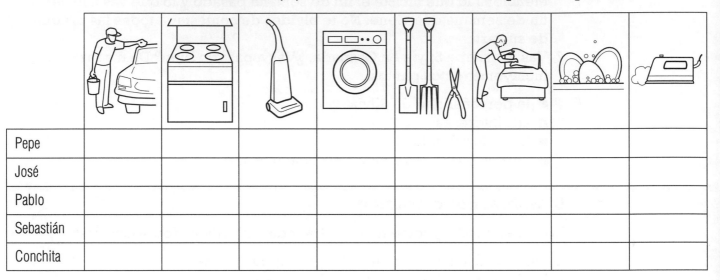

Pepe								
José								
Pablo								
Sebastián								
Conchita								

[10 marks:  7/10]

B Escribe

Tu amigo español ha escrito preguntándote lo que haces en casa para ayudar. Escríbele una carta. Menciona:

- los quehaceres que hiciste ayer
- cuándo haces estos quehaceres normalmente
- las tareas que te gustan y las tareas que no te gustan
- si recibes dinero cuando ayudas en casa
- lo que vas a hacer con el dinero.

1.9 Limpiar, ¡qué horror!

A Escucha y contesta

1 Pon una señal (✓) debajo de las actividades que Mario tiene que realizar en casa. Pon una equis (✗) debajo de las que no hace.

[8 marks: 5/8]

2 ¿Quién es? Escribe el nombre de Mario o de Susana.

	Nombre
Ejemplo: *Tiene que ocuparse de un animal.*	*Susana*
a Está harto de hacer tanto.	
b Tiene un cuarto muy desarreglado.	
c Hace su cama cada día.	
d Tiene un día de descanso a la semana.	
e No tiene obligación de ayudar en casa.	
f Piensa que su amigo tiene una vida muy difícil.	

[6 marks: 4/6]

B Escribe

Your mother wants you and your Spanish friend to help at home. Write a list of things to do.

Example:

```
1  planchar la ropa
2
3
4
5
6
```

1.10 El nuevo hombre y las tareas domésticas

A Lee y contesta

¿no sabe?
enséñale

Nosotras te mostramos unas pequeñas lecciones magistrales que tú te encargarás de impartirle con el máximo cariño que te sea posible. Y ante todo, paciencia, mucha paciencia: la vas a necesitar.

¡Se acabó! Nosotras también tenemos derecho a disfrutar de nuestro tiempo libre como él. Por tanto, ha llegado la hora de que colabore en las tareas domésticas. ¡Y no hay excusa!

FREGAR LOS PLATOS

● De todas las labores del hogar, ésta es la que más practican los hombres y la que más 'sabiamente' utilizan de excusa para justificar que ellos también 'hacen algo'.

● Su dominio del lavado de platos a mano es – dentro de lo que cabe – bastante aceptable. Convendría, sin embargo, pulirles la manía de echar medio bote de lavavajillas – por su inexplicable amor a la abundante espuma – y el vicio de tener el grifo abierto, derrochando litros de agua, mientras están enjabonando. Por lo demás, bien.

● En cuanto al lavavajillas, sería un gran invento si no fuera por un pequeño detalle: se tienen que meter los platos dentro y luego sacarlos, dos tareas que nunca están dispuestos a hacer. En este caso, no hay nada que enseñar porque la cosa es muy sencilla. Se trata más bien de conseguir, de una vez por todas, que lo haga. ¿Cómo? Llegando a un justo acuerdo: un día tú, un día yo.

lavavajillas (m)   washing-up liquid/dishwasher

1 Contesta a las preguntas.
  a ¿Cómo tienen que enseñar las mujeres estas tareas a los hombres? [2]
  b ¿Qué tarea realizan más a menudo los hombres? [2]
  c ¿Por qué gastan tanto detergente? [2]
  d ¿De qué vicio habla el periodista? [2]
  e Nombra el inconveniente de un lavavajillas. [1]

[9 marks: 4/9]

2 Escribe en la casilla el número más adecuado.

a El artículo es:
i serio
ii triste
iii cómico ☐

b Se trata de .... al hombre.
i dominar
ii educar
iii castigar ☐

c La tarea que el hombre prefiere es:
i planchar
ii coser
iii lavar la vajilla
iv barrer el suelo ☐

d Un lavavajillas es:
i agotador
ii poco práctico
iii muy complicado
iv una apreciable ayuda ☐

[4 marks:  3/4]

B Habla: conversación

You are in a shop buying a dishwasher. The salesperson speaks first.

1 Say you would like to buy a dishwasher.
2 Say you do not like that model.
3 Say it is too large.
4 Be prepared to answer a question.
5 Ask how much it costs.
6 Ask if they have a home delivery service.

1.11 Pon una máquina en tu vida

Limpiar en profundidad sólo se consigue con los elementos adecuados, a una presión de 4,5 Bar...

Sólo con la fuerza del vapor se puede lograr una *desinfección e higiene total.*

Dejar perfectas las juntas de las baldosas ya *no es un problema.*

Una transparencia perfecta con el mínimo esfuerzo.

Con un pequeño cepillo llegará a todos los rincones.

LO QUE PUEDE HACER EL VAPOR y TU NO

Accesorio para *tapicerías* ahorrará mucho dinero en limpiezas específicas, de casa y del coche.

De forma cómoda y rápida dejará sus suelos relucientes,...

...Incluso alfombras y moquetas adquirirán su prestancia original.

Consiga un *planchado profesional* tanto horizontal como vertical. No se conforme con menos.

Esto es
sólo una muestra
de lo que Ud. puede hacer
GRACIAS A FOGACCI:
Campeón en el mundo del vapor.

RESPETUOSA CON EL MEDIO AMBIENTE

di qu4ttro

Las turbovaporosas de FOGACCI
Vapor por fuerza

FOGACCI
DIVISIONE HABITAT

GRIS 5400   ECO-COMBI   430   TOP-ONE

A Lee y contesta

1 Empareja cada imagen con la descripción más adecuada.

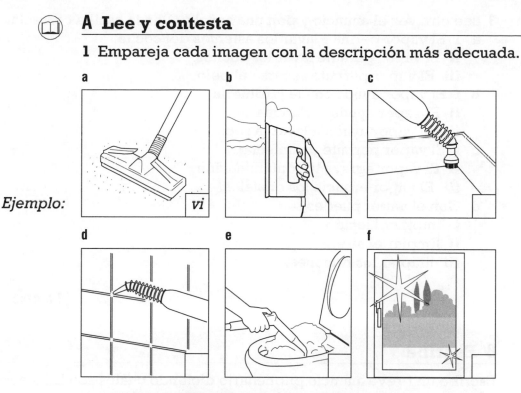

a   b   c

Ejemplo: vi

d   e   f

i Deja los cristales perfectamente limpios.
ii Permite llegar a todos los rincones.
iii Permite un planchado profesional.
iv No cuesta demasiado.
v Garantiza unos aseos limpios.
vi Deja las moquetas y alfombras como nuevas.
vii Limpia hasta las paredes de baños y cocinas.

[5 marks: 3/5]

2 Después de leer el anuncio, completa las frases con las palabras adecuadas de la casilla de abajo. No es necesario utilizar todas las palabras.

Ejemplo: *El accesorio para tapicerías permite **ahorrar** dinero.*

a La máquina permite dejar los suelos ....

b En el aseo permite .... una higiene total.

c Permite limpiar los cristales con el .... trabajo.

d El pequeño cepillo permite llegar a todos los ....

e La máquina no agrava la ....

f Restaura el .... original de las alfombras.

g Permite planchar la ropa de manera ....

lograr	solución	aspecto	rincones	problema	relucientes
	contaminación	ahorrar	mínimo	esquinas	perfecta

[7 marks: 5/7]

3 Lee otra vez el anuncio y pon una señal (✓) en la casilla correcta.

   a **i** El vapor permite lavar los asientos del coche.

      ii El vapor permite lavar los coches.

      iii El vapor permite secarse el pelo.

   b **i** El vapor ayuda con la jardinería.

      ii El vapor ayuda a planchar.

      iii El vapor ayuda a lavar la ropa.

   c **i** El vapor permite desinfectar.

      ii El vapor agrava la contaminación.

      iii El vapor ensucia los cristales.

   d Con el vapor puedes

      i limpiar el tejado.

      ii limpiar el aire.

      iii limpiar los rincones.

 [4 marks: 3/4]

 ## B Escribe

Escribe un breve anuncio publicitario diciendo cuáles son las mayores ventajas de la máquina de vapor 'Fogacci' para el hogar.

1.12 Una receta: el budín de naranja

Postre

Budín de naranja

Ingredientes

- 150 g de mantequilla
- 150 g de azúcar
- 3 huevos
- 150 g de harina
- 1 cucharadita de levadura
- 75 g de almendra molida
- la ralladura de 1 naranja
- 1 dl de zumo de naranja

Para la salsa

- 3 dl de zumo de naranja
- 50 g de azúcar
- 50 g de mantequilla

Para adornar

- melocotón en almíbar

Preparación: 10 min
Cocción: 40 min
Dificultad: mínima

■ Trabajar la mantequilla a temperatura ambiente con el azúcar hasta obtener una preparación ligera. Incorporar los huevos de uno en uno, la ralladura y el zumo de naranja, la harina mezclada con la levadura y tamizada y por último, la almendra molida. Mezclar homogéneamente.

■ Enmantequillar seis moldes individuales y rellenarlos con la preparación anterior. Cocer al baño maría, en horno precalentado a 190°, durante 40 minutos aproximadamente. Comprobar el punto de cocción pinchándolos con una brocheta y sacar los moldes del horno. Dejar enfriar y desmoldear.

■ Poner el zumo de naranja de la salsa en un cazo. Agregar el azúcar y la mantequilla ablandada, mezclar bien y llevar a ebullición, a fuego suave, sin dejar de remover. Retirar del fuego y reservar.

■ Napar los platos con la salsa de naranja, poner un budín en cada uno y adornar con el melocotón en almíbar cortado en gajos.

A Lee y contesta

Lee esta receta y pon las siguientes frases en el orden correcto.

a	Echar la salsa en los platos	
b	Cocer 40 minutos	
c	Mezclar la harina con la levadura	
d	Echar las almendras en polvo	
e	*Mezclar mantequilla y azúcar*	*1*
f	Añadir los tres huevos	
g	Decorar cada budín con melocotón cortado	

Ejemplo:

[6 marks: 4/6]

B Habla: conversación

You are phoning your Spanish friend. She is asking you questions about the *budín de naranja* recipe which you have just tried out. Answer her questions following the prompts below. She speaks first.

1 Say what ingredients are required.
2 Say what ingredients are required for the sauce.
3 Say what kitchen utensils are required.
4 Give details about preparation and cooking time.
5 Be prepared to answer a question.

1.13 Comida y salud

A Lee y contesta

Si quieres verlos crecer día a día,

toma medidas

Con CHOCO KRISPIES de Kellogg's, un desayuno sano que realmente les ayuda a crecer.

Tu hijo está creciendo, y tú sabes que necesita proteínas, vitaminas y minerales. CHOCO KRISPIES de Kellogg's tiene vitamina D, que ayuda a reforzar sus huesos, además de otras 7 vitaminas, hierro y el fósforo y el magnesio del cacao. Con un bol de CHOCO KRISPIES de Kellogg's, te aseguras que toma también todo el calcio de la leche que necesita en el desayuno.

El origen natural y una selección de todos los ingredientes garantiza nuestra calidad. A diferencia de otras marcas de cereales para el desayuno, CHOCO KRISPIES de Kellogg's es puro arroz cuidadosamente inflado, recubierto de chocolate procedente de cacao natural. Así te aseguramos que la alimentación de tus hijos sea sana.

Si quieres verlos crecer día a día, toma medidas y dales CHOCO KRISPIES de Kellogg's con leche. Se comerán las vitaminas, el calcio, el fósforo y el hierro como si fuera chocolate.

Más de 100 años cuidando del desayuno en todo el mundo avalan la experiencia de Kellogg's.

Por todo ello, el Instituto Español de la Nutrición avala la calidad nutricional de CHOCO KRISPIES de Kellogg's.

---

1 Completa el texto con la letra adecuada de la tabla.

El Instituto Español de la Nutrición recomienda este ....*d*..........

porque contiene muchas .... Los niños necesitan

Choco Krispies porque les hacen falta .... como el

hierro y magnesio para .... Choco Krispies se

compone de arroz inflado y .... Se come con

.... para un desayuno completo.

chocolate	minerales	leche	producto	crecer	vitaminas
a	b	c	d	e	f

[5 marks: 3/5]

2 Answer these questions in English.

a What does Choco Krispies help your children to do?.............................

b What helps to strengthen bones? ....

c What benefit do you get from the milk? ....

d What is special about the rice that is used? ....

e How long has Kelloggs been in business?...

f Which institution has approved Choco Krispies? ....

[6 marks: 4/6]

B Habla: conversación

You are at the doctor's. Answer the questions on the cassette, using the pictures below. The doctor speaks first.

1 Say what you do to keep fit.

2 Say what time you go to bed and what time you get up.

3 Be prepared to answer a question.

4 Be prepared to answer a question.

1.14 ¡Oiga, camarero!

LA OLA

ABIERTO DE 13.00 A 15.00
Y DE 22.30 A 1.00 TODOS
LOS DÍAS, EXCEPTO LOS LUNES
Y DÍAS FESTIVOS

Entremeses
Ensaladilla rusa
Croquetas
Caracoles
Gazpacho

Pescados y mariscos
Especialidad de paellas
Calamares a la romana
Dorada a la plancha
Lenguado
Merluza a la catalana

Carne
Pollo al ajillo
Chuletas asadas
Empanadillas de carne
Cochinillo en su salsa

Postres
Fruta del tiempo
Macedonia
Natillas
Piña en almíbar

Bebidas
Amplia lista de vinos
Champán
Agua mineral
Zumos
Café

Servicio no incluido

CASA RAFAEL

ABIERTO TODO EL AÑO SIN
FALLO, DE LAS 12 A LAS 12.

Tapas
Aceitunas
Almejas
Boquerones
Chorizo
Ensaladas
Gambas
Mejillones
Tortilla española
Montaditos variados

también . . .
Hamburguesas
Pollo asado
Patatas fritas
Pizza
Lasañas

De Postre
Helados
Sandía
Melón
Higos
Flan
Tarta helada

Para Beber
Especialidad de cervezas
españolas y extranjeras
Sangría
Vino de la casa (blanco y tinto)
Gaseosa
Agua mineral
Licores
Café

A Lee y contesta

Lee las preguntas y contesta en español.

1 ¿A qué hora está cerrado La Ola pero abierto Casa Rafael?

....

2 Estás en La Ola y quieres sopa. ¿Qué pides?

....

3 Estás en La Ola y quieres ave. ¿Qué pides?

....

4 Estás en Casa Rafael y quieres pedir marisco. ¿Qué cosas puedes pedir? (3)

....

5 Estás en Casa Rafael y quieres pedir fruta. ¿Qué cosas puedes pedir? (3)

....

6 Identifica la bebida caliente que ofrecen los dos restaurantes.

....

[6 marks: 4/6]

B Habla: conversación

You are outside the restaurants 'La Ola' and 'Casa Rafael' with a friend, planning to go into one of them. She speaks first.

1 Say which of the two restaurants you prefer and give a reason.
2 Say where you would like to sit.
3 Order a meal and drinks.
4 Be prepared to answer a question.

C Escribe

Escribe una carta al gerente del restaurante donde comiste ayer con tu amigo/a. La comida no era buena y quieres quejarte. Menciona los siguientes detalles de tu visita:

- lo que comisteis
- tu opinión de la comida y de la camarera
- la carta que vas a escribir al ministerio de turismo
- el precio de la comida.

1.15 ¿Te mareas en el coche?

A Lee y contesta

Lee este artículo.

¿Te mareas en el coche? Trece trucos para combatirlo

- No tomes pastillas justo antes de marcharte: tómalas la víspera de tu salida.
- Acuéstate temprano la noche antes del viaje.
- No comas una comida fuerte antes del viaje, pero no tengas el estómago vacío tampoco. Come algo ligero.

- No comas nunca durante el viaje.
- No fumes durante el viaje.
- Pide a los otros pasajeros que no fumen.
- Si es posible, ponte en el asiento de delante.
- Mira un punto fijo a lo lejos.
- Charla con las otras personas en el coche.

- No leas nunca en el coche.
- Si es posible, mantén la ventanilla entreabierta.
- Pide al conductor que pare de vez en cuando.
- Durante las paradas da paseos al aire libre.

Aquí hay un resumen del artículo. Escoge una palabra de la casilla para cada espacio. No necesitarás todas las palabras.

Ejemplo: **1** *pastillas*

poco	detrás	descansos	pastillas	delante	revistas	médico	cama
tabaco	volante	vuelta	cerradas	hablen	estómago		

El día anterior

Tienes dos cosas que hacer: primero no te olvides de tomar tus **1** ....

Vete a la **2** .... antes de la hora usual.

Antes de marcharte

Tienes una cosa que hacer: come un **3** ....

El conductor

Tienes dos favores que pedirle: dile que no quieres sentarte **4** ....

También pregúntale si sería posible hacer unos **5** .... durante el viaje.

Los otros pasajeros

Tienes tres cosas que pedirle: primero diles que no te gusta el humo del **6** ....

Segundo, que no quieres las ventanillas **7** ....

Tercero, pídeles que te **8** .... durante el viaje.

Durante el viaje

Tienes cuatro cosas que recordar. Mira hacia **9** .... , no fumes, y no lleves

comida ni **10** ....

Durante los descansos

No te olvides de dar una **11** ....

[10 marks: 7/10]

B Habla: conversación

You are about to go on a long car journey and you don't want to be car-sick. You visit Doctor Tomás. Listen to the doctor's questions on the cassette and use the prompts below as the basis of your replies. The doctor will start the conversation.

1 Give your name.
2 Give your nationality.
3 Give details of your problem.
4 Say when you leave.
5 Say how long the journey is.
6 Thank the doctor for the tablets.
7 Say you will take two before you set off.

1.16 **Tu salud**

A Lee y contesta

Donantes, la solidaridad se lleva en la sangre

Siempre hacen falta voluntarios. Pero para no poner en peligro tu seguridad ni la del receptor, la selección es muy rigurosa.

Antes de cada extracción, se realiza un reconocimiento del donante que consiste en un examen físico (estado general y aspecto, toma de la tensión y el pulso ...), en la elaboración de una historia clínica y un interrogatorio. Entre otras cosas, se pregunta su profesión o aficiones: si son peligrosas (pilotos, buceadores, conductores de autobús ...), deben esperar 12 horas antes de reincorporarse a la actividad. También se le consultará sobre las enfermedades importantes que padezca o haya padecido, pues muchas de ellas dan lugar a exclusión o cuarentena. Todos los donantes han de recibir información precisa y actualizada sobre la hepatitis y el sida y las prácticas de riesgo, para que tengan la posibilidad de autoexcluirse. Los que resulten positivos en el control de VIH (sida) serán advertidos de que no realicen más donaciones. En caso de intoxicación por drogas, la donación se descarta. Si es por alcohol, ha de posponerse. Las transfusiones provocan una cuarentena de un año, igual que la acupuntura aplicada sin control médico. Ocurre lo mismo con la perforación del lóbulo de la oreja, los tatuajes o el contacto con pacientes de hepatitis.

Pon una ✓ en el espacio correcto. Si la frase es mentira, escribe la versión correcta.

		Verdad	Mentira	Frase correcta
Ejemplo:	*Un médico tiene que examinarte antes de que puedas dar sangre.*	✔		
1	Sobran donantes.			
2	La selección es muy sencilla.			
3	Aquellos donantes que sean pilotos, etc., pueden volver al trabajo en seguida.			
4	Se informa a los donantes sobre ciertas enfermedades graves para que ellos mismos puedan decidirse a no dar sangre.			
5	Los drogadictos tienen que esperar seis meses antes de poder dar sangre.			

[10 marks: ◎ **6/10]**

B Habla: conversación

You are at the doctor's. The doctor speaks first.

1 Say that for two days you have had a stomach ache and that you feel sick.
2 Be prepared to answer a question.
3 Thank the doctor.

C Escribe

Leave a note for your Spanish friend explaining what is wrong with you and what the doctor has advised you to do.

1.17 Un accidente

A Escucha y contesta

Listen to the recording and answer in English.

1 Where exactly did the accident take place?...

2 What kind of vehicle caused the accident?...

3 What happened a few minutes later?...

4 Who witnessed the accident? ....

5 What did he do? ....

6 What injuries were caused? ....

7 Who is Pablo Herráiz? ....

8 What did Pablo say? ....

[8 marks: 6/8]

B Habla: conversación

Use the following pictures to answer your friend's questions on the cassette about a cycle accident. Your friend speaks first.

1

2

3

4

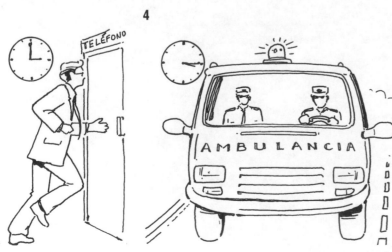

5

1.18 Una visita al dentista

A Escucha y contesta

Listen to the cassette and tick the correct boxes.

1 The first thing the dentist wants to know is
   a your address ☐
   b your nationality ☐
   c your name ☐
2 The second thing the dentist asks is
   a if you have enough money to pay ☐
   b if you will pay with a credit card ☐
   c if you have an insurance policy ☐
3 The third thing the dentist asks is
   a if you have toothache ☐
   b how long you have had toothache ☐
   c where the toothache is ☐
4 The fourth thing the dentist asks is
   a if you have had a check-up recently ☐
   b if you have had a tooth removed recently ☐
   c if you are taking any medicines ☐

[4 marks: 3/4]

B Escribe

Use the following pictures to describe a visit to the dentist.

1

2

DENTISTA DE VACACIONES

3

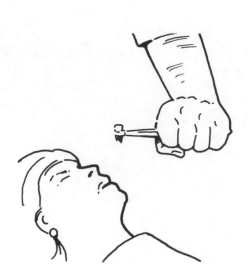

4

5

6

FACTURA

58,00€

1.19 El sol

Tomar el sol con seguridad
Para evitar la insolación . . .

1 Los niños deben estar en la sombra.
2 Lleva un sombrero todo el tiempo.
3 Usa una crema de una marca conocida.
4 Toma bebidas frecuentemente.
5 Nunca bebas alcohol.
6 No te duermas al sol.

7 No tomes el sol al mediodía.
8 Quédate media hora al sol como máximo.
9 Si es posible, siéntate donde circule el aire.
10 No andes descalzo – la arena caliente puede quemarte.

A Lee y contesta

1 Pon el número de la frase que corresponde al dibujo en la casilla correcta.

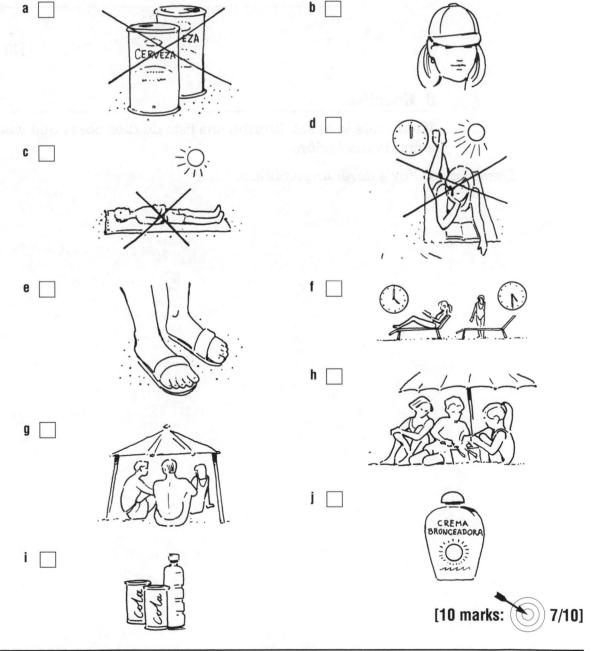

a ☐

b ☐

c ☐

d ☐

e ☐

f ☐

g ☐

h ☐

i ☐

j ☐

[10 marks: 7/10]

2 He aquí un resumen de los consejos. Escoge las palabras correctas de la casilla.

Para evitar la **a** .... hay que tomar ciertas medidas.

Primero recuerda que el sol es **b** .... Si tienes la

c .... blanca hay que tener mucho

d .... No salgas **e** .... sin ponerte

una crema protectora. Los **f** .... son muy vulnerables y

es mejor tenerlos a la sombra. Mucha **g** .... se duerme

al sol y **h** .... quemaduras. Ponte un

i .... y toma muchas **j** ....

bebidas	insolación	gente	cuidado	piel
sombrero	sufre	peligroso	nunca	niños

[10 marks: 7/10]

B Escribe

Tienes miedo al sol. Escribe una lista de diez cosas que vas a hacer para evitar la insolación.

Ejemplo: **1** *Voy a llevar un sombrero.*

2 La familia, los amigos y el ocio

2.1 Ignacio se presenta

A Escucha y contesta

Ignacio te ha mandado un casete. Aquí tienes un fragmento.
Escucha lo que dice y pon la letra correcta en cada casilla.

Ejemplo: *¿Dónde vive Ignacio?*

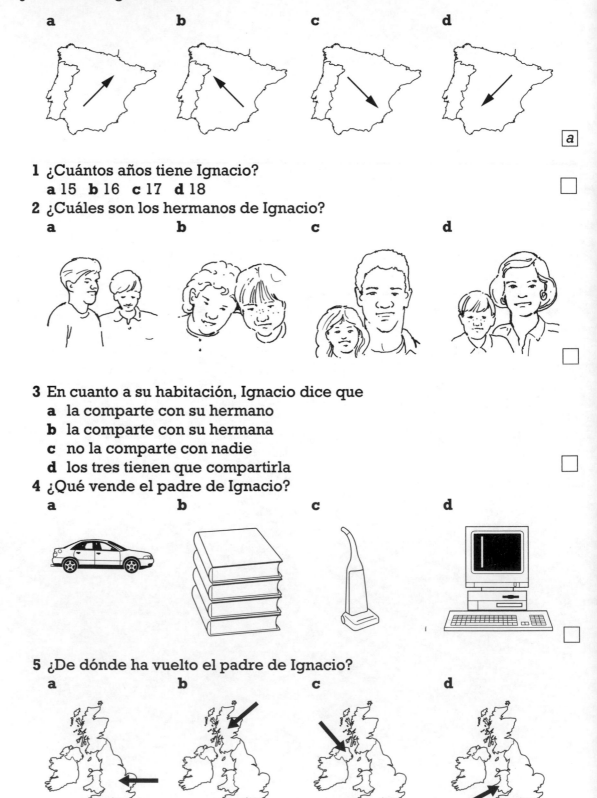

a   b   c   d

`a`

1 ¿Cuántos años tiene Ignacio?
  a 15   **b** 16   **c** 17   **d** 18

2 ¿Cuáles son los hermanos de Ignacio?
  a   b   c   d

3 En cuanto a su habitación, Ignacio dice que
  a la comparte con su hermano
  b la comparte con su hermana
  c no la comparte con nadie
  d los tres tienen que compartirla

4 ¿Qué vende el padre de Ignacio?
  a   b   c   d

5 ¿De dónde ha vuelto el padre de Ignacio?
  a   b   c   d

6 ¿Cuándo volvió?

   a hace una hora **b** hace treinta minutos **c** hace dos horas **d** ayer ☐

7 ¿Cuál es el número de teléfono de Ignacio?

   a 93 416 43 38 **b** 93 235 43 78 **c** 93 235 43 68 **d** 93 345 62 71 ☐

8 ¿Qué tiempo hace en España?

   a   **b**   **c**   **d**

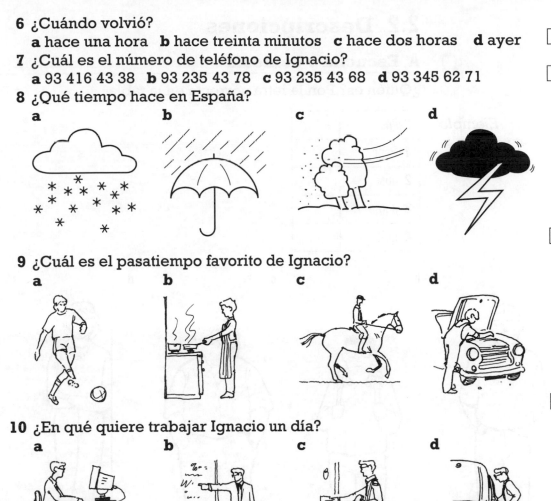

                                                                             ☐

9 ¿Cuál es el pasatiempo favorito de Ignacio?

   a   **b**   **c**   **d**

                                                                              ☐

10 ¿En qué quiere trabajar Ignacio un día?

   a   **b**   **c**   **d**

                                                                              ☐

[10 marks: ◎ 6/10]

B Habla: presentación

Estás grabando un casete para tu amigo español. Describe tus pasatiempos.
Menciona:

- tu pasatiempo favorito
- tus otros pasatiempos
- cuánto tiempo dedicas a tus pasatiempos
- qué haces los sábados
- una cosa que compraste recientemente
- tu número de teléfono.

2.2 Descripciones

A Escucha y contesta

¿Quién es? Pon la letra correcta en la tabla.

Ejemplo:

Jaime	e
1 Pepe	
2 José	
3 Jorge	
4 Luis	

a   b   c   d   e

[4 marks: 3/4]

B Escribe

Escribe una carta a tu nuevo amigo en España describiéndote. Menciona:

- tu pelo
- tus ojos
- si llevas gafas, pendientes o una cadena
- tu estatura
- el tipo de ropa que prefieres
- ropa que compraste recientemente
- ropa que vas a comprar pronto.

2.3 Busco amigos

A Lee y contesta

Lees una revista de jóvenes. Estos jóvenes buscan amigos por correspondencia. ¿Qué les gusta hacer?

Pon ✔ en la tabla.

Tengo 15 años y busco amigos por correspondencia. Hablo francés e inglés y paso mucho tiempo montando a caballo. Escríbeme pronto. José.

Hola. Me llamo Sara y quiero cartearme con gente simpática. Me gusta dibujar y pintar y paso mucho tiempo con mis gatos y mis perros.

Soy Cristina y quiero que me escribas. Voy a la piscina todos los días y tengo más de dos mil sellos.

Busco amigos y amigas con quienes pueda cartearme. Me gustan las películas de ciencia-ficción y leo toda clase de libros. Me llamo Rosita.

Soy Jaime y tengo 14 años. Por favor escríbeme. Me gusta ir a las discotecas. También estoy estudiando japonés y chino.

	Natación	Cine	Lectura	Bailar	Arte	Coleccionar	Idiomas	Equitación	Animales
José									
Sara									
Cristina									
Rosita									
Jaime									

[10 marks: 8/10]

B Lee y contesta

Lee los anuncios de abajo.

a

Juana – 16 años. Busco amigo/a inglés/esa. Pasatiempos: lectura, cine, deportes. Escribe: referencia Madrid – 2045

b

Pedro – 15 años. Quiero cartearme con británicos. Aficionado a los animales, música rock y discotecas. Ref: Sevilla – 0192

c

Consuelo – 16 años. Busco amigas inglesas. Aficiones: baile, cine, cocina. La Coruña – 0156

d

María – 15 años. Quiero nuevos amigos, ¿y tú? Aficiones: filatelia, teatro, baloncesto, televisión. Referencia: Burgos – 3129

Ahora empareja a los jóvenes españoles con los jóvenes ingleses con los que más tienen en común. Escribe la letra correcta en la casilla correspondiente.

1 A Gerald le encanta cuidar de su perro y escuchar discos.
2 Helen va a ver una película dos veces a la semana y nada en el equipo de su instituto.
3 A John le gusta coleccionar sellos y actúa en un grupo de teatro.

[3 marks: ⊚ 2/3]

C Escribe

Decides escribir a uno de los jóvenes españoles.

■ Explica cómo eres.
■ Explica cómo pasas tu tiempo libre.
■ Describe una cosa que hiciste ayer.
■ Da tu opinión sobre los pasatiempos de un(a) amigo/a.

2.4 'Apenas le conozco, pero . . .'

'Apenas le conozco, pero estoy enamorada de él'

Estoy destrozada. Hace unas semanas conocí a un chico maravilloso que tiene mi edad, 17 años. Nunca he hablado con él, pero estoy enamorada de sus ojos, su pelo y ¡hasta de sus orejas! Me parece un chico guapísimo. Muchas otras chicas le admiran también. Pienso que nunca le conoceré realmente porque no puedo, ni tampoco sé cómo, empezar una conversación con él. Espero que Vd pueda ayudarme. Espero su respuesta con impaciencia. Gracias.

Estar enamorada es maravilloso. Todo lo que sientes es fruto de tu interior, de ti misma. Lo que este chico ha hecho es conseguir que te des cuenta de tu capacidad para amar y ¿no te parece absurdo sentir dolor por algo tan maravilloso? Así que relájate y háblale para descubrir la personalidad detrás del físico que tanto admiras, porque una persona es más que un físico. Pero no permitas que este problema se convierta en el centro de tu vida. Controla tus sentimientos y sigue con tu vida disfrutando de todo.

A Lee y contesta

1 Después de leer la carta que escribió la chica al psicólogo de la revista, pon en orden las siguientes frases:

a	pero le gustan todos sus rasgos físicos.	
b	Necesita la ayuda del psicólogo.	
c	Tampoco sabe cómo comunicarse con él.	
d	Ha visto a un chico de 17 años.	
e	y muchas chicas le adoran.	
f	Este chico es muy guapo.	
g	*Esta chica es muy infeliz.*	*1*
h	Desea una contestación.	
i	Piensa que nunca podrá ser su amiga.	
j	Aún no le ha dicho una sola palabra.	

Ejemplo: (g)

[9 marks: 6/9]

2 Lee ahora la contestación del psicólogo y responde a las preguntas **con una sola palabra**.

a ¿Qué piensa el psicólogo del amor?

Es ....

b ¿De dónde vienen estos sentimientos según él?

De su..

c ¿Cómo le parece el hecho de sentir dolor?

....

d ¿Qué le aconseja a la chica?

....

e Según el psicólogo, ¿qué no debe controlar su vida?

Este..

f ¿Qué le aconseja hacer el psicólogo con su vida?

....

[6 marks: 🎯 **4/6]**

B Escribe

Tú también tienes problemas de corazón. Escribe una carta al psicólogo de una revista. Habla de lo siguiente:

■ Describe lo que ha pasado.
■ Describe lo que vas a hacer.
■ Da tu opinión de la persona que ha causado el problema.

2.5 Una telenovela

A Lee y contesta

Unos amigos están dando su opinión sobre una telenovela. Indica si a la persona le gusta el programa, si no le gusta o si es imposible decidir. Pon ✔ en la tabla.

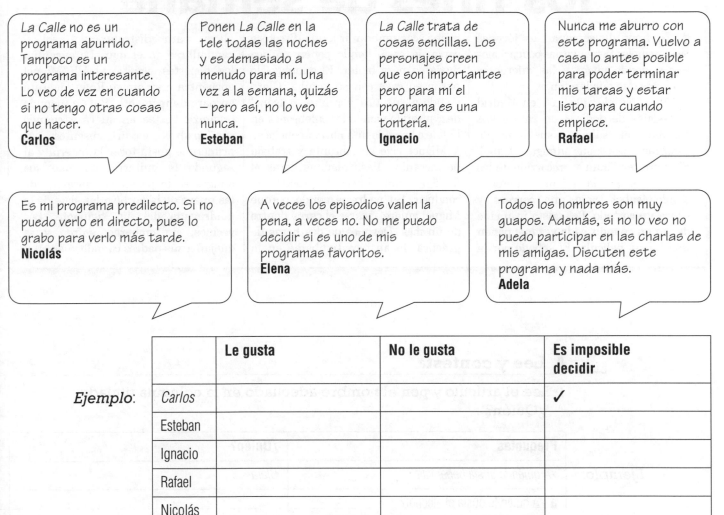

> *La Calle no es un programa aburrido. Tampoco es un programa interesante. Lo veo de vez en cuando si no tengo otras cosas que hacer.*
> **Carlos**

> *Ponen La Calle en la tele todas las noches y es demasiado a menudo para mí. Una vez a la semana, quizás – pero así, no lo veo nunca.*
> **Esteban**

> *La Calle trata de cosas sencillas. Los personajes creen que son importantes pero para mí el programa es una tontería.*
> **Ignacio**

> *Nunca me aburro con este programa. Vuelvo a casa lo antes posible para poder terminar mis tareas y estar listo para cuando empiece.*
> **Rafael**

> *Es mi programa predilecto. Si no puedo verlo en directo, pues lo grabo para verlo más tarde.*
> **Nicolás**

> *A veces los episodios valen la pena, a veces no. No me puedo decidir si es uno de mis programas favoritos.*
> **Elena**

> *Todos los hombres son muy guapos. Además, si no lo veo no puedo participar en las charlas de mis amigas. Discuten este programa y nada más.*
> **Adela**

	Le gusta	No le gusta	Es imposible decidir
Ejemplo: *Carlos*			✓
Esteban			
Ignacio			
Rafael			
Nicolás			
Elena			
Adela			

[6 marks: 5/6]

B Habla: presentación

Describe cuánto tiempo pasas viendo la televisión. Menciona:

- los programas de deporte – ¿te gustan o no?
- un programa que te gusta y explica por qué
- un programa que no te gusta y explica por qué
- la actitud de tus padres
- una telenovela y de qué se trata.

2.6 Los fines de semana

La juventud española y los fines de semana

Los fines de semana, los jóvenes españoles tienen varias ocupaciones según donde viven y las diferentes aficiones que puedan tener.

Clara, por ejemplo, vive en Madrid y después de dedicar un rato a sus estudios el sábado, suele ir de compras con su amiga Isabel. Siempre terminan su recorrido de los almacenes en la misma cafetería, donde Isabel toma una cerveza y Clara un cortado. Les gusta ir al cine de vez en cuando, cada vez que ponen una buena película. El sábado por la noche acostumbran ir a una discoteca cerca de casa, donde ponen música moderna para bailar. El domingo, lo pasan en casa con su familia, Clara viendo a sus tíos y primos e Isabel descansando viendo los culebrones en la tele o leyendo una novela policíaca.

Miguel vive en Alicante y trabaja de mecánico. Pasa algunas horas el fin de semana haciendo práctica de conducir. Su padre le ayuda porque Miguel quiere sacarse el carné dentro de un mes. Después de dos horas de práctica, le apetece tumbarse en la playa para disfrutar del sol y zambullirse en el mar. Le encantan los deportes acuáticos. Allí Miguel encuentra a su amigo Rafa, que está en paro de momento. Rafa a menudo organiza fiestas en su casa cuando sus padres están ausentes. Al primero le gusta tocar la batería y al segundo la guitarra, así que sus amigos se lo pasan de maravilla de las nueve de la noche a las siete de la madrugada del día siguiente. Los vecinos, sin embargo, sufren y se quejan a sus padres cuando vuelven.

A Lee y contesta

1 Lee el artículo y pon el nombre adecuado en la columna titulada '¿Quién?'.

Preguntas	¿Quién?
Ejemplo: *¿A quién le gusta beber café?*	*Clara*
a ¿A quién le gusta el alcohol?	
b ¿Quién se prepara para su trabajo?	
c ¿Quién quiere encontrar un puesto?	
d ¿Quién toca la batería?	
e ¿Quién toca la guitarra?	
f ¿Quién está aprendiendo a conducir?	
g ¿Quién le está enseñando a conducir?	
h ¿Quién estudia los sábados?	
i ¿Quién hace compras? [2]	
j ¿A quién no les gusta la música?	

[11 marks:  7/11]

2 Escoge la casilla correcta y márcala con una señal (✓).

a **i** Todos los jóvenes españoles hacen lo mismo los fines de semana. ☐

ii Los jóvenes españoles hacen diferentes actividades los fines de semana. ☐

b **i** Clara pasa parte de los sábados estudiando. ☐

ii Clara estudia todo el día los sábados. ☐

c **i** Clara e Isabel van al cine cada semana. ☐

ii Clara e Isabel van al cine a veces. ☐

d **i** A Clara e Isabel les gusta ir siempre al mismo café después de ir de compras. ☐

ii Clara e Isabel nunca vuelven al mismo café. ☐

e **i** Isabel ve a su familia los domingos. ☐

ii A Isabel le gusta ver telenovelas los domingos. ☐

f **i** Miguel está aprendiendo a conducir porque su padre lo quiere. ☐

ii Miguel quiere aprobar su examen muy pronto. ☐

g **i** Miguel pasa el resto del sábado mirando a los surfistas. ☐

ii Miguel pasa el resto del sábado disfrutando en la playa. ☐

h **i** Los padres de Rafa aprecian sus fiestas. ☐

ii Los padres de Rafa no están invitados a sus fiestas. ☐

i **i** Los vecinos siempre son bienvenidos en sus fiestas. ☐

ii A los vecinos les gustaría que Rafa se fuera a vivir a otro sitio. ☐

j **i** Rafa no trabaja. ☐

ii A Rafa le gusta tocar la batería. ☐

[10 marks: 6/10]

B Habla: conversación

You are on holiday in Spain and your neighbour is giving a noisy party. You complain to the neighbour. You speak first.

1 Say that you cannot sleep because of the noise.
2 Say that the music is too loud.
3 Ask the neighbour if his/her parents are at home.
4 Say you will call the police.

2.7 Contestador automático

A Escucha y contesta

Varias personas han llamado a María. Escoge el mensaje correcto para cada persona.

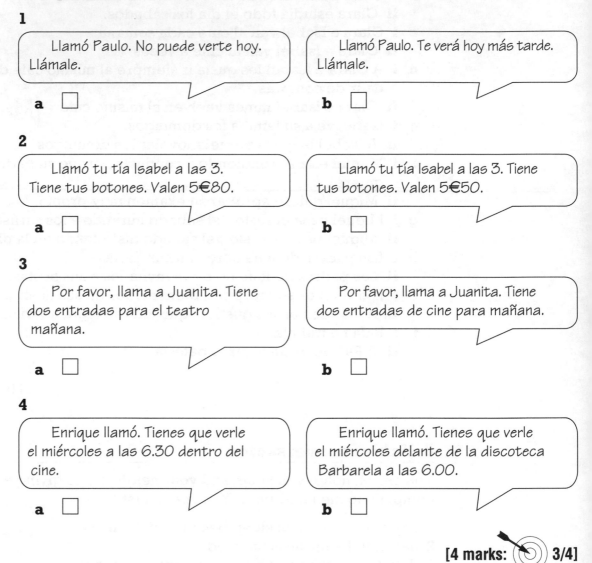

1

| Llamó Paulo. No puede verte hoy. Llámale. | Llamó Paulo. Te verá hoy más tarde. Llámale. |

a ☐   b ☐

2

| Llamó tu tía Isabel a las 3. Tiene tus botones. Valen 5€80. | Llamó tu tía Isabel a las 3. Tiene tus botones. Valen 5€50. |

a ☐   b ☐

3

| Por favor, llama a Juanita. Tiene dos entradas para el teatro mañana. | Por favor, llama a Juanita. Tiene dos entradas de cine para mañana. |

a ☐   b ☐

4

| Enrique llamó. Tienes que verle el miércoles a las 6.30 dentro del cine. | Enrique llamó. Tienes que verle el miércoles delante de la discoteca Barbarela a las 6.00. |

a ☐   b ☐

[4 marks: 3/4]

2.8 ¿Qué vamos a hacer el domingo?

A Escucha y contesta

Angelita and Reyes are talking about what to do on Sunday. Answer the questions in English.

1 Why does Angelita want to do something special on Sunday?

....

2 Why does Reyes not want to go to the cinema?

....

3 What prevents them going to the pop concert?

....

4 Which sport does their English guest not like?

....

5 What kind of food does their English guest like?

....

6 Where do they decide to go before going to the restaurant?

....

[6 marks: 4/6]

B Escribe

Escribe una carta a un(a) amigo/a español(a) diciéndole lo que hiciste el fin de semana pasado. Menciona:

- el cine
- un concierto
- un partido de fútbol
- un restaurante
- el zoo
- tus impresiones del fin de semana
- el fin de semana que viene.

2.9 Vamos a comer

RESTAURANTE EL TULIPÁN

Menú turístico

Precios

a Sopas   Postres   i
b sopa de tomate .... 2,50€   flan .... 2,10€   j
c sopa de fideos .... 2,60€   naranja .... 0,5€
   sopa de verduras .... 2,10€   k
d Platos principales   Queso
e pollo con patatas .... 4,30€   queso manchego .... 4,80€
   tortilla española .... 4,10€   l
f   Bebidas   m
   Otros platos   café .... 2,60€   n
g calamares .... 5,10€   gaseosa .... 4,10€
h judías verdes .... 4,30€   vino .... 4,30€
   trucha .... 8,60€

A Lee y contesta

Lee este menú. Pon la letra correcta en la casilla.

Ejemplo: *Quieres comer fruta. ¿Qué plato escoges?*   [j]

1 Quieres la sopa más barata. ¿Qué plato escoges?   ☐
2 Quieres comer algo dulce. ¿Qué plato escoges?   ☐
3 Quieres comer hortalizas. ¿Qué plato escoges?   ☐
4 Quieres comer marisco. ¿Qué plato escoges?   ☐
5 Quieres comer pescado. ¿Qué plato escoges?   ☐
6 Quieres comer ave. ¿Qué plato escoges?   ☐
7 Eres vegetariano/a. ¿Qué plato principal escoges?   ☐
8 Quieres tomar un refresco. ¿Qué bebida escoges?   ☐
9 Quieres tomar algo caliente. ¿Qué bebida escoges?   ☐
10 Quieres tomar una bebida alcohólica. ¿Qué bebida escoges?   ☐

[10 marks: 7/10]

B Escribe

Te gustó tu visita al Tulipán. Escribe a tu novio/a describiendo tu visita.
Menciona:

■ con quién fuiste
■ lo que pediste
■ lo que pidió tu amigo/a
■ el mejor plato
■ invítale/la a cenar contigo en el restaurante
■ tu próxima visita al Tulipán.

2.10 Excursión a San Sebastián

SAN SEBASTIÁN – EXCURSIÓN DE UN DÍA

Día de operación – cada lunes hasta el final de setiembre

09.00	recogida en la plaza mayor y salida para San Sebastián en nuestro lujoso autocar
10.30	llegada a San Sebastián y vuelta de la ciudad
13.00	almuerzo en hotel de cinco estrellas (incluido en el precio)
15.00	tiempo libre para hacer compras
17.00	recogida y viaje de vuelta
18.30	llegada

Precio: 30€ (no hay rebaja para niños)

 A Lee y contesta

Escribe la letra de la respuesta correcta: **a**, **b** o **c**.

1 La excursión tiene lugar
 a una vez a la semana
 b una vez al mes
 c durante el invierno ☐

2 El almuerzo
 a es gratis
 b está incluido en el precio
 c es a las dos ☐

3 El hotel es
 a sencillo
 b bastante caro
 c de lujo ☐

4 ¿Cuánto tiempo hay para ir de compras?
 a una hora
 b dos horas
 c tres horas ☐

5 Los niños
 a no pueden ir
 b pagan menos
 c pagan lo que pagan los adultos ☐

[10 marks: 8/10]

B Escribe

Imagina que vas a ir a San Sebastián el fin de semana que viene. Escribe una carta a una amiga. Describe:

- con quién vas a ir
- el transporte
- lo que esperas hacer en San Sebastián
- un amigo al que vas a visitar
- lo que esperas comer y beber
- tu última visita a una ciudad grande y tus impresiones.

2.11 ¿Adónde vamos?

A Escucha y contesta

1 Paula y Teresa están discutiendo adónde ir hoy. Rellena la tabla con el nombre adecuado.

		Nombre
a	Le apetece salir con los amigos.	
b	Los dos chicos no le caen bien.	
c	Prefiere el cine a la discoteca.	
d	Va a la discoteca para complacer a su amiga.	
e	Soluciona el problema.	
f	Se marchará sola si está disgustada.	

[6 marks: 4/6]

2 Rellena los espacios con algunas de las palabras de abajo.

Paula no quiere salir con los chicos porque la última vez

a .... de manera terrible y les encuentra muy

b .... Paula no quiere ir a bailar porque hoy la

c .... es muy alta. Prefiere ir al **d** ....

porque **e** .... a Keanu Reeves. Amenaza con

f .... a su amiga si los chicos se portan mal en la

discoteca.

> bailaron teatro negativos música se comportaron necios abandonar cine amables
> adora temperatura

[6 marks: 4/6]

3 ¿Cuáles son los tres adjetivos que podrían describir a Paula?
Pon tres señales (✓) en las casillas correctas.
  a enfadada
  b poco paciente
  c alegre
  d comprensiva
  e testaruda

[5 marks: 3/5]

B Habla: presentación

The notes and pictures below give an outline of a night out which went well until you got home and found that you were locked out! Describe what happened.

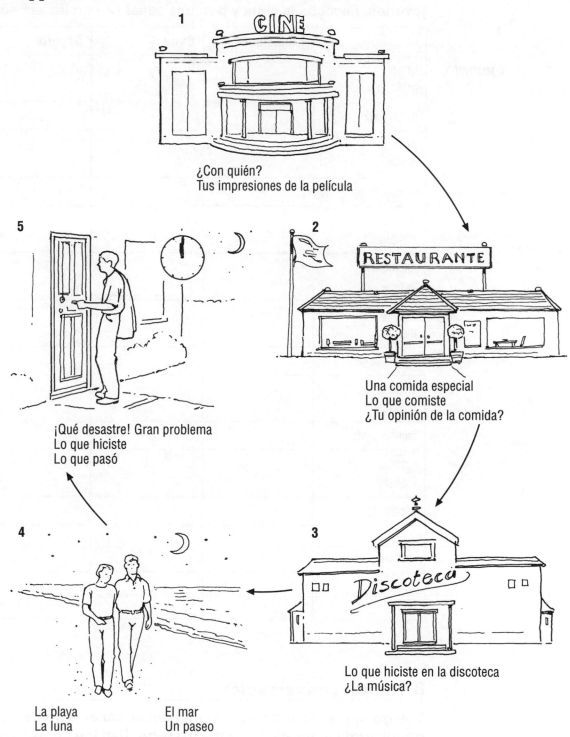

1
¿Con quién?
Tus impresiones de la película

2
Una comida especial
Lo que comiste
¿Tu opinión de la comida?

3
Lo que hiciste en la discoteca
¿La música?

4
La playa   El mar
La luna   Un paseo

5
¡Qué desastre! Gran problema
Lo que hiciste
Lo que pasó

2.12 En una agencia de viajes

A Escucha y contesta

Un cliente está pidiendo información sobre un viaje organizado para jóvenes. Escucha la cinta y pon una señal (✓) en los espacios correctos.

Ejemplo:

	Excursiones	Baile	Deporte	Espectáculos
lunes mañana			✓	
lunes tarde				
martes mañana				
martes tarde				
miércoles mañana				
miércoles tarde				
jueves mañana				
jueves tarde				
viernes mañana				
viernes tarde				
sábado mañana				
sábado tarde				
domingo mañana				
domingo tarde				

[7 marks: 5/7]

B Habla: conversación

You go into a travel agency to find out about an activity holiday. Listen to the travel agent's questions on the cassette. Use the notes below to guide your answers. The travel agent will start the conversation.

1 Say you are interested in an activity holiday.
2 Say how long your holidays are.
3 Be prepared to answer a question.
4 Give your nationality.
5 Give your personal details.

2.13 El verano, una buena época para la lectura

A Lee y contesta

Después de leer el artículo, marca la casilla correcta con una señal (✓).

Verano, una buena época para la lectura

En esta época de vacaciones, tu hijo dispone de más tiempo libre para disfrutarlo jugando con los amigos y . . . leyendo.

● Durante el curso, los niños leen lo que les mandan en el colegio. Ahora es el momento en que elijan lo que a ellos les gusta.

● No hay que leer por obligación, sino por amor.

● Anima a tu hijo ofreciéndole cosas entretenidas. Los libros de mitología o historia son atractivos, pero recuerda siempre que la misión esencial de todo cuento es interesar y divertir.

● Los cuentos estimulan su fantasía e imaginación.

● Tu hijo puede descubrir en los libros experiencias maravillosas que le acercarán a otros mundos, culturas y formas de vida.

● Es preferible leer las obras originales y evitar adaptaciones. Entre las grandes obras literarias hay para todos los gustos y edades, pero es importante predicar con el ejemplo.

● Muchos de los más pequeños se vuelven locos por los cómics. No temas que estas lecturas puedan apartarles de la buena literatura; puede ser el primer paso que acerque al niño al amor por la lectura.

En todo caso, lo importante es que ellos disfruten.

1 a En verano hay escaso tiempo para divertirse.

  b En verano hay más tiempo para leer.

2 a En el instituto los niños escogen sus libros.

  b En el instituto los profesores escogen los libros para ellos.

3 a Hay que leer por afición.

  b Hay que leer para aprender.

4 a Los padres deben comprar libros educativos.

  b Los padres deben comprar libros estimulantes.

5 a Leer permite soñar.

  b Leer es difícil.

6 a Leer cómics no es aconsejable.

  b Leer cómics puede producir una pasión por la lectura.

[6 marks: 4/6]

B Habla: conversación

Your Spanish friend is asking you about your reading habits. She will start the conversation.

1 Say that you like to read newspapers in your free time.
2 Say that you find newspapers interesting.
3 Be prepared to answer a question.
4 Say that you never buy comics.
5 Say that you read more in the holidays.

2.14 De veraneo

A Escucha y contesta

1 Escucha a seis jóvenes que hablan de sus vacaciones. Escribe los números adecuados en las casillas correspondientes.

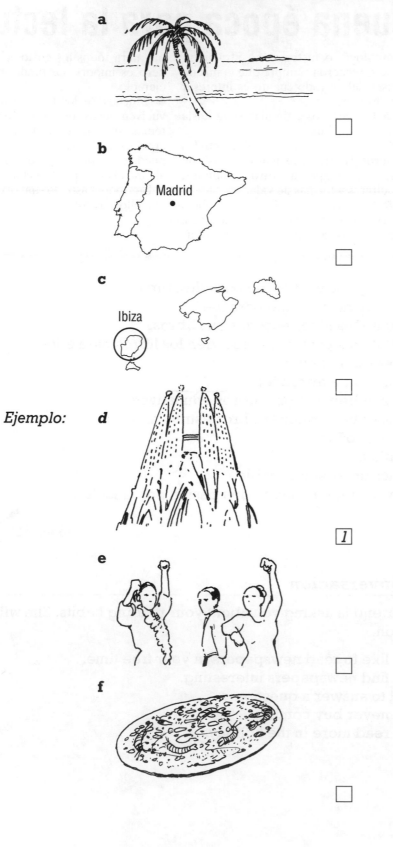

a

□

b

Madrid

□

c

Ibiza

□

Ejemplo: **d**

1

e

□

f

□

[5 marks: 3/5]

2 Escucha otra vez a los jóvenes. ¿Sobre cuándo hablan? Al lado de cada nombre escribe la letra apropiada.

Ejemplo:

1 *José*	*b*
2 Juana	
3 Agustín	
4 Julia	
5 Johnny	
6 Isabel	

a agosto
b últimas vacaciones
c dentro de dos semanas
d julio
e junio
f verano

[5 marks: 4/5]

B Habla: conversación

You are in a tourist office in Spain and you want to find some accommodation. The assistant speaks first.

1 Say you would like a double room with a bathroom with a shower.
2 Say you would like a three-star hotel.
3 Be prepared to answer a question.
4 Say you would like to stay for two weeks.

2.15 En los multicines

A Lee y contesta

Completa la tabla de abajo con la letra de la película correspondiente. Sólo hay una posibilidad en cada caso.

a Batman Returns – Again: stunts virtuales, efectos especiales, tecnología digital

b *Liberad a Wally 4: la historia de una ballena simpática*

c **El Jardín Mágico de Stanley: los Trolls son personajes cómicos que gustarán a todos los niños.**

d *El Rey y sus Caballeros: la leyenda del rey Arturo y del primer caballero Lancelot*

e **Policía en peligro: Miami, heroína y una comisaría en peligro**

f **Reino de las Pirámides: una ambiciosa coproducción sobre la vida de los faraones**

g *French Style: una americana viaja a París y encuentra a un ladrón romántico.*

h *Viaje a Marte: drama y muerte durante un viaje al planeta rojo*

	Película
Ejemplo: *Me gustan las películas históricas.*	*d*
1 Me encantan los dibujos animados.	
2 Prefiero las películas policíacas.	
3 Me encanta Egipto.	
4 Me fascina la ciencia-ficción.	
5 Me gusta el hombre murciélago, volando por el aire.	
6 Adoro a los animales.	
7 Se realizó esta película en Francia y en los Estados Unidos.	

[7 marks: 5/7]

B Lee y contesta

1 Lee el comentario sobre *El jardín mágico de Stanley* e indica si las frases de abajo son verdaderas (V) o falsas (F).

EL JARDÍN MÁGICO DE STANLEY

DIRECTORES: Don Bluth y Gary Goldman
PRODUCTOR: Don Bluth Ltd.
GUIÓN: Stu Krieger

Stanley .... *Voz – Dom DeLuise*
Gnorga .... *Voz – Cloris Leachman*
Liort .... *Voz – Charles Nelson Reilly*
Alan .... *Voz – Jonathan Pryce*

Stanley es un troll distinto a los demás. A diferencia de sus malvados hermanos y hermanas, Stanley es un pequeño y amable troll que tiene un don secreto, un pulgar verde que puede crear flores al simple tacto. Pero las flores están prohibidas en el país de los trolls, cuya malvada reina Gnorga es capaz de convertir en piedra todo lo que su pulgar negro toca. Se propone acabar con Stanley transformándolo en piedra también . . .

		V/F
a	Stanley es como toda su familia.	
b	Sus hermanos son simpáticos.	
c	La reina es amable.	
d	Stanley tiene un poder misterioso.	
e	Hace crecer flores con el pie.	
f	No hay flores en el país de los trolls.	

[6 marks:  **3/6]**

EASTENDERS – LA PELÍCULA

Sensación en Londres. Colas de medio kilómetro – sesiones todo el día y toda la noche.

EastEnders – la película es, como su mismo título indica, la adaptación cinematográfica de EastEnders, una de las telenovelas de mayor éxito en la actualidad.

En la telenovela, la acción muestra a un grupo de vecinos que llevan una vida llena de incidentes e intriga en un barrio del este de Londres. La principal atracción de la telenovela se encuentra en los triángulos amorosos – y la mayoría de las conversaciones tienen lugar en un pub. En el pub todos se conocen y acuden a contar historias y escándalos. Los alumnos británicos dejan de hacer sus deberes y el tráfico disminuye cuando EastEnders aparece en la pequeña pantalla.

Ahora los productores de la telenovela han hecho una película basada en la vida cotidiana de los personajes del programa, pero esta vez los vecinos se reúnen para hacer frente a una amenaza a su comunidad. Las autoridades quieren derribar todas las casas – para construir un super-estadio para Leyton Orient, el equipo de fútbol local.

2 Lee el texto y completa el párrafo de abajo con las palabras de la casilla.

Se trata de una película adaptada de la **a** .... En la tele

británica EastEnders es una **b** .... El programa trata

de la **c** .... de una comunidad en el este de

d .... EastEnders **e** .... los estudios

de los estudiantes y hasta hay menos **f** .... en la calle

cuando el programa empieza.

En la película aparecen los **g** .... personajes. Los

vecinos hacen frente a un **h** .... que amenaza su

comunidad. Las autoridades quieren construir una instalación

i .... en el sitio donde viven y ¡derribar el

j .... entero!

| vida Londres mismos peligro televisión barrio telenovela coches interrumpe deportiva |

[10 marks: 🎯 7/10]

C Habla: conversación

Your Spanish friend is asking you about a film you have seen recently. Listen to the cassette and answer his questions. He speaks first.

1 Say what the film is called.
2 Say whether you liked the film or not and give a reason.
3 Give two details of what the film was about.
4 Be prepared to answer a question.

2.16 Una novela

A Escucha y contesta

Lola quiere leer una novela. Luis le ofrece cuatro. Indica si cada novela es de ciencia-ficción, de amor, de guerra, de horror o del oeste. También indica si le interesa cada novela o no y por qué.

	Tipo de novela	¿Le interesa?	¿Por qué?
Ejemplo: *Por la mañana*	*amor*	*no*	*demasiado larga*
El Tren			
New Orleans			
Algo Nuevo			

[9 marks: ◎ **6/9]**

B Escribe

Escribe una carta a tu amiga española. Describe dos novelas que has leído recientemente. Menciona:

■ el argumento de la primera novela
■ de dónde obtuviste la novela
■ el argumento de la segunda novela
■ quién te dio la novela
■ cuánto tiempo pasas leyendo
■ tu tipo de libro favorito
■ el próximo libro que vas a leer.

2.17 La entrevista

A Escucha y contesta

1 Escucha la entrevista y subraya cuatro adjetivos de la casilla que describan a Iván.

divorciado	americano	soltero	casado	deportivo	célebre
perezoso	tímido	triste	bien vestido	mal vestido	

[4 marks: 3/4]

2 Escucha la entrevista otra vez y escribe el número de la respuesta correcta.

  a ¿Cuántos pisos tiene Iván?
   i 1
   ii 2
   iii 3 ☐

  b ¿Dónde vive Iván normalmente?
   i Francia
   ii Estados Unidos
   iii España ☐

  c 'Venganza' es un
   i western
   ii una película romántica
   iii una película policíaca ☐

  d Iván gasta mucho dinero en
   i lo que come
   ii lo que bebe
   iii lo que lleva ☐

  e **i** A Iván le gusta el baloncesto.
   ii A Iván le gusta comer en restaurantes.
   iii Iván es coleccionista. ☐

  f 'Una vez más' es una película de
   i horror
   ii niños
   iii amor ☐

[6 marks: 4/6]

B Habla: presentación

Describe what happened when you won a competition and the prize was
dinner with a famous person. Use the pictures as the basis of your story.

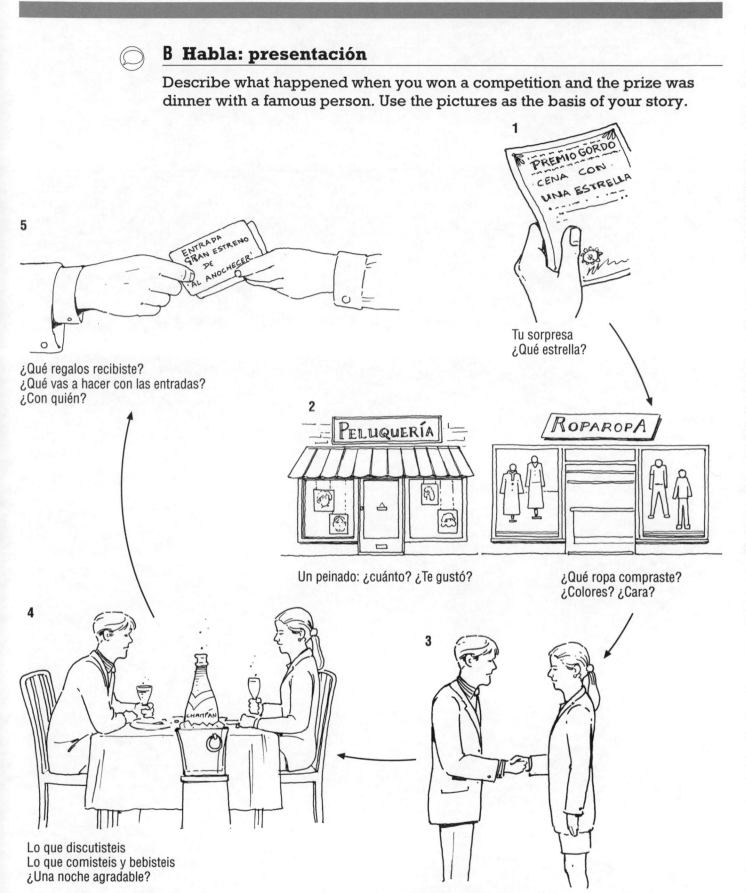

1

Tu sorpresa
¿Qué estrella?

5

¿Qué regalos recibiste?
¿Qué vas a hacer con las entradas?
¿Con quién?

2

Un peinado: ¿cuánto? ¿Te gustó?

¿Qué ropa compraste?
¿Colores? ¿Cara?

4

Lo que discutisteis
Lo que comisteis y bebisteis
¿Una noche agradable?

3

El encuentro: ¿dónde?
¿A qué hora?
¿Impresiones de la persona?

3 Nuestro entorno

3.1 Decisiones

A Lee y contesta

Imagina que te encuentras en estas situaciones. ¿Qué decisiones tomas?
Pon la letra correcta en la casilla.

Situaciones

Ejemplo: *Estás en la playa y ves a un niño que se ahoga.* | j |

1 Tu hermanito se corta y hay mucha sangre. ☐
2 Quieres salir pero no tienes dinero. ☐
3 Te aburres en casa. ☐
4 Estás en el cine y hay un incendio. ☐
5 Quieres cruzar una calle principal. ☐
6 Quieres leer pero el sol está demasiado fuerte. ☐
7 Tienes flores bonitas en el jardín pero no ha llovido recientemente. ☐
8 Rompes el florero favorito de tu madre. ☐
9 Tienes sueño. ☐
10 Quieres aprender a conducir. ☐

Decisiones
a Las riegas.
b Te acuestas.
c Le llevas al hospital.
d Ofreces lavar el coche de un vecino.
e Compras otro.
f Llamas a un amigo.
g Vas a una autoescuela.
h Buscas un paso de peatones.
i Sales lo antes posible.
j Buscas a un salvavidas.
k Te pones gafas de sol.

[10 marks: 7/10]

B Escribe

Viste a un niño en dificultades en el mar. Le rescataste. Describe cómo lo hiciste. Menciona:

- dónde estabas cuando le viste
- qué hacía el niño para llamar la atención
- una persona que ayudó
- cómo sacaste al niño del agua
- cómo estaba el niño al final.

C Habla: conversación

You are visiting a Spanish friend. Tell your friend how you broke a vase in the house of the family you are staying with and what you did to replace it. Listen to your friend's questions on the cassette and use the picture prompts below as the basis of your replies. Your friend speaks first.

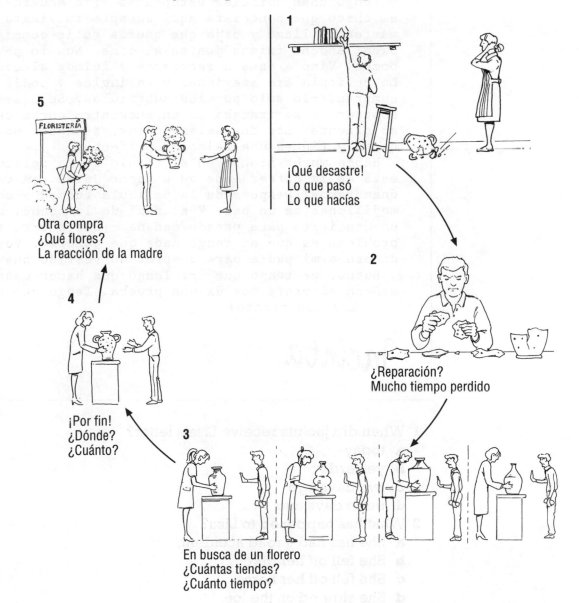

1
¡Qué desastre!
Lo que pasó
Lo que hacías

2
¿Reparación?
Mucho tiempo perdido

3
En busca de un florero
¿Cuántas tiendas?
¿Cuánto tiempo?

4
¡Por fin!
¿Dónde?
¿Cuánto?

5
Otra compra
¿Qué flores?
La reacción de la madre

FLORISTERÍA

3.2 Compromisos

A Lee y contesta

You receive this letter from a Spanish friend. Read it and answer the questions below in English.

Salamanca, 3 de mayo de 2002

Querida Lisa:

Gracias por tu carta que recibí anteayer. Lamento que te hayas roto el brazo pero ¿no te he dicho muchas veces que la equitación es un deporte peligroso? Menos mal que el médico dice que no es nada grave. Estoy escribiéndote con mi ordenador porque ya sabes que escribo muy mal y mis amigas me dicen que no llegan a entender mi letra.

Tengo unas noticias estupendas. ¿Te acuerdas de Jaime, el chico que conociste aquí durante tu visita? Pues el martes me llamó y dijo que quería salir conmigo. ¡Qué bien! Anoche fuimos juntos al cine. Nos lo pasamos bomba. Vino a casa a recogerme y fuimos al cine a pie. La película era americana y en inglés y podía comprenderla sólo por los subtítulos. Se llamaba 'El abogado' y se trataba de un encuentro entre un abogado y su cliente. Los dos salen juntos, se hacen novios y se casan y tienen una relación perfecta.

Había mucha ironía en el título de la película porque ésta es la carrera que va a hacer Jaime. ¡A ver si nos enamoramos! Después de la película fuimos a comer mejillones en un bar. Y al final de la noche, me invitó a un concierto para pasado mañana. ¡Qué suerte tengo! El problema es que no tengo nada que ponerme. Voy a pedir dinero a mi padre para comprar un vestido nuevo.

Bueno, me tengo que ir. Tengo que hacer unas tareas y mañana el profe nos da una prueba. Tengo que repasar.

¡Escribe pronto!

Jacinta

1 When did Jacinta receive Lisa's letter?
- a today
- b yesterday
- c two days ago
- d three days ago

2 What has happened to Lisa?
- a She has had a road accident.
- b She fell off her bike.
- c She fell off her horse.
- d She slipped on the ice.

3 Why is Jacinta writing on the computer?

....

4 Why did Jaime ring Jacinta?

....

5 When did they go to the cinema?
  a today
  b yesterday
  c two days ago
  d three days ago ☐

6 How did they get to the cinema?
  a by bus
  b by car
  c by taxi
  d on foot ☐

7 How much English does Jacinta know?
  a She is fluent.
  b She understands quite a lot.
  c She does not understand very much at all. ☐

8 What kind of film is *El abogado*?
  a horror
  b romance
  c adventure
  d western ☐

9 What is Jaime going to study?
  a English
  b American Studies
  c Law
  d Film Studies ☐

10 What did they eat later?
  a seafood
  b steak
  c fish
  d omelette ☐

11 When is the concert?
  a today
  b tomorrow
  c in two days' time
  d in three days' time ☐

12 What does Jacinta need?
  a money
  b new clothes
  c a car
  d a boyfriend ☐

13 What is Jacinta going to do after writing the letter?
  a watch TV
  b homework
  c housework
  d go out ☐

[13 marks: 9/13]

B Escribe

Escribe una respuesta a Jacinta. Menciona:

- la equitación
- una persona con quien sales
- adónde fuisteis anoche
- quién pagó
- qué hicisteis después
- cuándo vas a visitar a Jacinta en España.

C Habla: conversación

You receive a letter from your Spanish penfriend saying that she wants to come to England to see you. You will be taking exams at the time of the proposed visit and so you phone to suggest another date. Use the following prompts and the cassette to help you with the conversation. You speak first.

1 Greet your friend and say who you are.
2 Give the dates of your exams.
3 Explain that she cannot come.
4 Suggest other dates.
5 Be prepared to answer a question.

3.3 Mi ciudad

A Escucha y contesta

Escucha el casete y rellena la tabla con la información adecuada.

	Nombre	Edad	Ciudad donde vive	Aspecto positivo	Aspecto negativo	Pasatiempo preferido
Ejemplo:	*Jaime*	*17*	*Madrid*	*muchas facilidades*	*frío en invierno*	*la lectura*
	Eloísa					
	Pedro					
	Rosa					

[15 marks:  10/15]

B Escribe

Después de escuchar a estos cuatro jóvenes, escribe a uno de ellos.
Menciona lo siguiente:

- tu nombre, edad, cumpleaños
- tu ciudad, pueblo o el lugar donde vives
- sus aspectos positivos y negativos
- tu pasatiempo preferido
- una cosa que hiciste recientemente y una cosa que vas a hacer.

3.4 Un paseo por el centro de la ciudad

Lee y contesta

Pon la letra correcta en la casilla.

1 Tienes hambre. ¿Adónde vas?
  a teatro
  b churrería
  c ayuntamiento
  d comisaría

2 Tienes sed. ¿Adónde vas?
  a cervecería
  b carnicería
  c panadería
  d estanco

3 Lee el letrero delante del museo. ¿Qué es lo que **no** está prohibido?

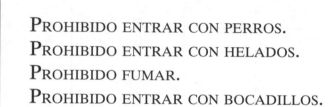

PROHIBIDO ENTRAR CON PERROS.
PROHIBIDO ENTRAR CON HELADOS.
PROHIBIDO FUMAR.
PROHIBIDO ENTRAR CON BOCADILLOS.

a   **b**   **c**   **d**   **e**

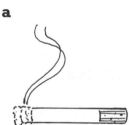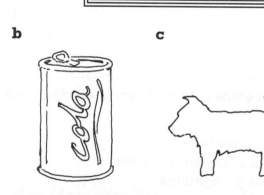

4 ¿Adónde vas si . . .
  a . . . quieres comprar un sello?
  b . . . tienes dolor de cabeza?
  c . . . has perdido tu dinero?
  d . . . quieres comprar un regalo?
  e . . . tienes libras y quieres euros?

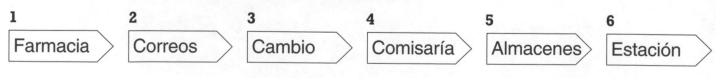

1 Farmacia   **2** Correos   **3** Cambio   **4** Comisaría   **5** Almacenes   **6** Estación

5 Lee la nota y mira el plano. ¿Dónde está la casa de Pepe? ¿Cuál de las letras de A–G la representa?

> Sal de tu hotel y gira a la izquierda hacia la estación. Antes de llegar a la estación tuerce a la derecha, luego toma la primera calle a la izquierda. Mi casa está enfrente del restaurante.

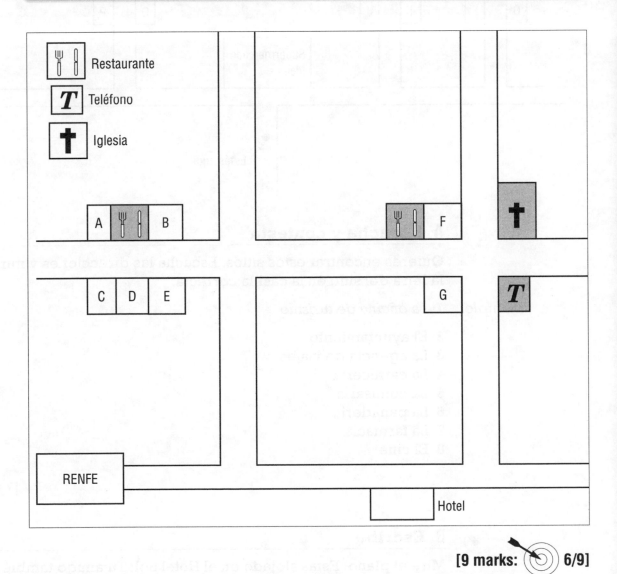

[9 marks: 6/9]

3.5 ¿Para ir a . . . ?

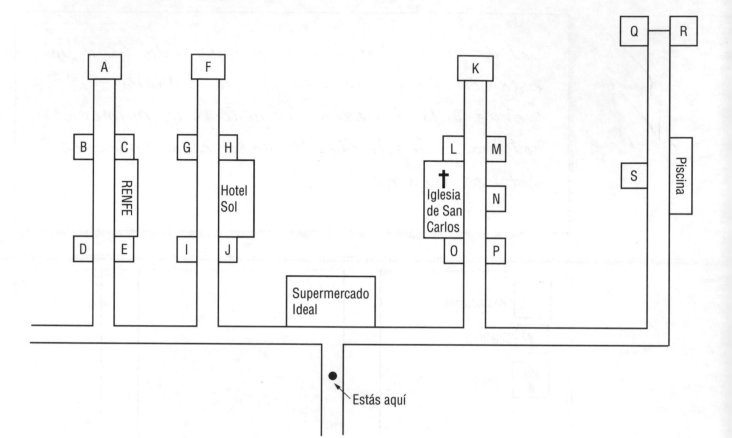

A Escucha y contesta

Quieres encontrar estos sitios. Escucha las direcciones y mira el plano. Pon la letra del sitio en la casilla correcta.

Ejemplo: **1** *La oficina de turismo* C

2 El ayuntamiento

3 La agencia de viajes

4 La carnicería

5 La comisaría

6 La panadería

7 La farmacia

8 El cine

[7 marks: 5/7]

B Escribe

Mira el plano. Estás alojado en el Hotel Sol. Tu amigo también está en el hotel pero está durmiendo. Escríbele un mensaje. Dile que vas primero a la estación a las 9, luego a la iglesia de San Carlos a las 10. Vas a la piscina a las 12. Incluye direcciones exactas de cómo ir a estos tres sitios desde el hotel.

3.6 Haciendo turismo

A Escucha y contesta

Estás en una oficina de turismo. El empleado te está explicando dónde están los diferentes sitios de interés de la ciudad. Escribe en cada círculo del plano el número del sitio que representa, utilizando la lista de abajo.

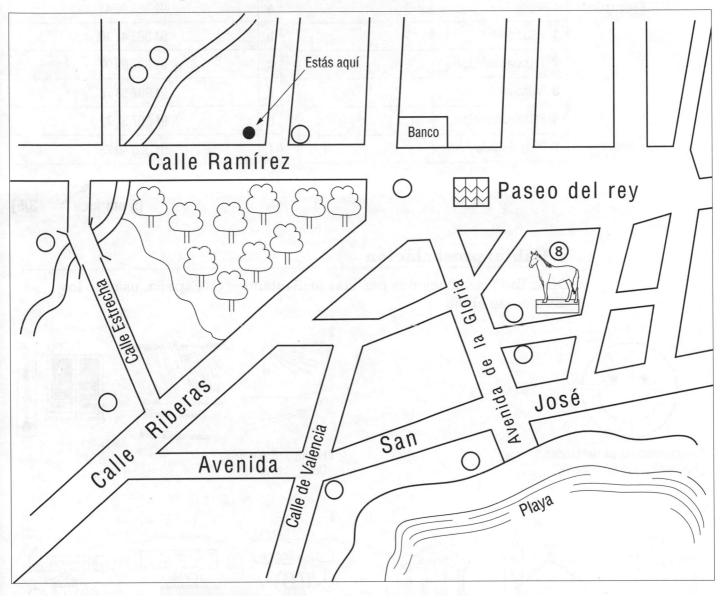

1 Palacio Real
2 Catedral
3 Estadio
4 Restaurante Milagro
5 Estación de ferrocarriles
6 Museo
7 Teatro romano
Ejemplo: *8 Estatua del caballo*
9 Puente viejo
10 Plaza central
11 Piscina municipal

[10 marks:  7/10]

B Escucha y contesta

Llamas a la oficina de turismo. Está cerrada pero el contestador automático da varios números de teléfono para llamar a los sitios de interés. Empareja cada sitio con su número de teléfono, escribiendo la letra apropiada al lado de cada sitio.

Ejemplo:

Catedral	*e*		
1 Palacio Real		**a**	91 388 40 41
2 Piscina municipal		**b**	91 388 41 40
3 Museo		**c**	91 387 99 92
4 Estadio municipal		**d**	91 387 93 72
5 Pista de hielo		**e**	91 387 37 72
		f	91 388 40 23

[5 marks: 3/5**]**

C Habla: presentación

Describe tus vacaciones pasadas en Santander en España, usando los dibujos de abajo.

1

Tus impresiones de Santander
¿Por qué? ¿Qué tal la gente?

2

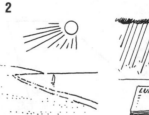

El tiempo: una mezcla
¿Cuántos grados?

3

Los sitios de interés
¿Muchas visitas?
¿Con quién?
¿Recuerdos?

4

Por la noche
Mucha diversión
Una persona interesante
Un incidente

3.7 Grandes almacenes

A Lee y contesta

Mira el anuncio y contesta, escribiendo V (verdadero) o F (falso) en las casillas.

UN NÚMERO UNO EN MODA

En El Corte Inglés, tenemos la mayor selección, calidad y vanguardia en moda. Alta confección en piel y ante, tejidos, complementos y nuestras boutiques internacionales. Vendemos marcas de cada país de Europa.

TODA CLASE DE REGALOS

Más de 500.000 artículos para regalar distribuidos en más de 200 departamentos. Para un regalo típico, puede Vd elegir artesanía española, ampliamente representada en El Corte Inglés: guitarras, espadas toledanas, mantelerías, mantones, cerámica, etc.

LA COMODIDAD DE NUESTROS SERVICIOS

Pensados para hacer más fáciles sus compras: servicio de intérpretes, cambio de moneda extranjera, restaurantes, buffets, cafeterías, envío rápido al hotel, peluquerías, aparcamiento, revelado rápido de fotos, centro de comunicaciones. La carta de compras, un servicio que le evitará cargar con paquetes. Agencia de viajes para realizar cualquier reserva o elegir entre los más variados destinos, programas, hoteles . . . Siempre con un servicio profesional.

PAGO DEL IVA

Si Vd reside en Canarias, Ceuta, Melilla o cualquier país NO MIEMBRO de la U.E., Vd no tendrá que pagar el IVA. Solicite información a cualquiera de nuestros empleados al realizar sus compras.

---

1 En El Corte Inglés puedo comer rápidamente si quiero. ☐
2 Mis fotos pueden ser reveladas en menos de un día. ☐
3 Puedo comprar un plato de cerámica como regalo. ☐
4 Si vivo en Canarias tengo que pagar el IVA. ☐
5 No puedo cortarme el pelo en El Corte Inglés. ☐
6 Puedo comprar un viaje en El Corte Inglés. ☐
7 Puedo comprar ropa de marcas inglesas. ☐
8 No puedo cambiar dinero. ☐
9 Si no entiendo lo que me dice la dependienta, alguien puede traducir. ☐
10 Mis compras pueden ser mandadas directamente al hotel. ☐

[10 marks: 7/10]

B Habla: conversación

You are shopping in Spain. You go into the perfume section of the Corte Inglés department store. The salesperson speaks first.

1 Say you want to buy some perfume for your mother.
2 Say you do not want to try it and ask how much it costs.
3 Say you would like the small bottle.
4 Find out where the café is.

3.8 En una boutique de modas

A Escucha y contesta

1 Maribel y Concha están haciendo compras. Escucha el casete y escribe la letra de lo que compran en la casilla.

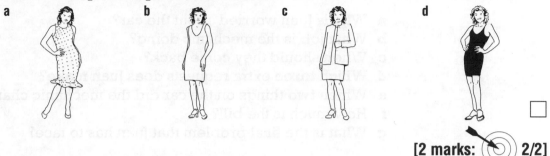

a   b   c   d

☐

[2 marks: 2/2]

2 Escucha el casete de nuevo. Empareja cada adjetivo con el dibujo de arriba que le corresponde.

i elegante
ii caro
iii precioso
iv juvenil

☐
☐
☐
☐

[4 marks: 3/4]

3 Escucha el casete una vez más. Rellena los espacios con la palabra más adecuada de la casilla.

Maribel cree que el **a** .... vestido es demasiado

b .... Concha quiere comprar un vestido

c .... ya que su hermano va a **d** .... y

quiere estar **e** .... Al final se prueba un vestido

f .... Maribel lo encuentra **g** ....

segundo	divorciarse	vacaciones	caro	primer	formal	guapa
azul marino	azul claro	barato	precioso	fea	casarse	acuerdo

[7 marks: 5/7]

B Habla: conversación

You are shopping in Spain and you want to buy some trousers. The salesperson speaks first.

1 Say you want to buy some trousers.
2 Say you are size 42.
3 Say the trousers are too short.
4 Say that the trousers are fine and find out how much they cost.
5 Be prepared to answer a question.

3.9 En la estación de servicio

A Escucha y contesta

1 Juan and Sofía take their car to the garage. Listen to the cassette and answer the questions in English.

   a Why is Juan worried about the car?
   b What job is the mechanic doing?
   c When should they come back?
   d Which **three** extra requests does Juan make?
   e Which **two** things on the car did the mechanic change?
   f How much is the bill?
   g What is the final problem that Juan has to face?

 **[7 marks: 5/7]**

2 Escucha de nuevo el casete. Completa el texto siguiente con las palabras de la casilla.

Juan necesita parar en la estación de servicio porque el coche hace un

a .... Tiene que esperar **b** ....

porque el mecánico está cambiando los **c** .... para unos

clientes que tienen prisa. Juan y Sofía deciden **d** ....

más tarde. Juan quiere que el mecánico **e** .... el

f .... y el agua y los neumáticos. El problema es un

g .... de la **h** .... Hay que cambiarla

y también el parabrisas porque es **i** .... Con todo

esto, Juan se olvida de **j** .... más gasolina al coche.

neumáticos	gasolina	parabrisas	batería	mire	roto	ruedas
una hora y media	ruido	volver	volante	aceite	defecto	echarle

 **[10 marks: 6/10]**

B Habla: conversación

You are at a service station in Spain. You begin the conversation with the attendant.

1 Ask for 30 litres of petrol.
2 Ask for a litre of oil.
3 Find out if there is a phone.
4 Find out how much you owe.

3.10 Haciendo la compra

A Escucha y contesta

Listen to the cassette and answer these questions in English.

1 Fruit required: ....

2 Elena's brother has finished the ....

3 He did not finish the ....

4 For lunch they are going to eat ....

5 For the evening meal they are going to eat ....

6 Bought yesterday: ....

[6 marks: 4/6]

B Habla: conversación

You are buying food for a picnic. The grocer will start the conversation.

1 Say you would like 500 grammes of cheese.
2 Buy something else to eat.
3 Buy something to drink.
4 Find out how much you have to pay.
5 Say goodbye.

C Escribe

Escribe una carta a un amigo español describiendo tu merienda en un parque. Explica:

■ el tiempo que hacía
■ con quién fuiste
■ qué comprasteis en la tienda de comestibles
■ qué hicisteis después de merendar
■ la hora a la que volviste a casa
■ tus impresiones del día y tus planes para otra merienda.

3.11 El 24 de diciembre – la Nochebuena

A Lee y contesta

Lee el artículo y pon unas señales (✓) en las casillas correctas.

La Nochebuena

En la mayoría de las regiones españolas, y en todo el mundo católico, la Nochebuena representa la fecha de la llegada de Cristo al mundo.

En nuestro país se celebra con una gran cena familiar. Para postre, en todas partes se comen los mazapanes y turrones y se bebe cava. También se cantan villancicos tradicionales.

En Madrid se come pescado esa noche, pero en otras partes se come pollo o pavo. En algunas zonas de España, se come un roscón o torta grande con aceite y almendras. En Cataluña, la Nochebuena no es una fiesta sino más bien una fecha de reunión familiar. En todas partes, grandes y pequeños celebran la Misa del Gallo a medianoche.

1 La Nochebuena es
  a una fiesta religiosa
  b algo que existe sólo en España
  c durante Semana Santa
2 Durante la Nochebuena
  a se canta pero no se come mucho
  b se canta y se come
  c se come pero no se canta

3 En Madrid se come

a

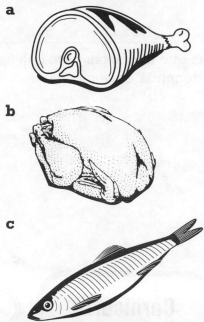

b

c

4 En Cataluña, la Nochebuena es
   a para la religión
   b para comer y beber
   c para la familia
5 A medianoche hay
   a una ceremonia religiosa
   b una gran comida
   c una fiesta

[5 marks: 4/5]

 B Escribe

Escribe a tu amiga, María. Cuéntale cómo se celebra la Navidad en tu país.
Incluye los siguientes puntos:

- con quién sueles reunirte
- lo que comiste la Navidad pasada
- lo que te regaló tu familia
- una tradición especial de tu familia ese día
- algo diferente que te gustaría hacer el año que viene.

3.12 Una fiesta

A Lee y contesta

He aquí una lista de las cosas que necesitas para una fiesta. Pero ¿dónde vas a comprarlas? Pon la letra adecuada en la casilla.

Lista

1 Panecillos

2 Chuletas

3 Calamares

4 Pasteles

5 Manzanas

Tiendas

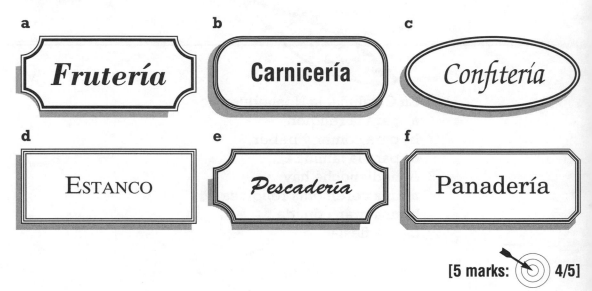

a **Frutería**

b **Carnicería**

c **Confitería**

d ᴇsᴛᴀɴᴄᴏ

e **Pescadería**

f **Panadería**

[5 marks: 4/5]

B Habla: presentación

Describe una fiesta. Menciona:

■ los invitados

■ lo que llevaban

■ lo que se comía y bebía

■ un incidente

■ lo que hicieron los invitados

■ un invitado grosero.

3.13 Objetos perdidos

A Lee y contesta

Después de leer los anuncios, completa la tabla con los detalles que faltan.
Algunos espacios se quedarán en blanco.

Perdido: lunes 26, perrito blanco y negro. Collar verde. Avda Castellanos, cerca del parque. Recompensa. Tel: 93 638 44 26.

Perdido: monedero de cuero rojo, con nombre y dirección. Domingo 3 en restaurante El Ávila. Gratificaré. Tel: 93 523 31 34.

Perdido: reloj de señora, oro, en Teatro Municipal, martes 27. Valor sentimental. Recompensa grande. Tel: 93 273 45 62.

Perdida: maleta marrón, viernes 13, en la estación RENFE, entre 8 y 10 de la noche. Contiene documentos oficiales. Tel: 93 722 11 33.

Perdido	Día	Hora	Color	Lugar	Detalles
perro					
			marrón		
					nombre y dirección
	martes 27				

[17 marks:  12/17]

B Escribe

Has perdido algo en un restaurante. Escribe una carta al gerente. Incluye los detalles siguientes:

- descripción detallada de lo que has perdido
- día/hora cuando ocurrió
- dónde estabas sentado/a
- una razón por la cual es importante que encuentres este objeto
- tu dirección
- que mandarás dinero para los sellos si lo encuentran.

C Escucha y contesta

Escucha el casete y rellena la ficha.

Reclamación

Nombre	[1]
Apellidos	[2]
Dirección	[1]
Teléfono	[1]
Objeto perdido	[1]
Descripción del objeto perdido	[1]
Contenido	[2]
....	
Fecha de la pérdida	[1]
Hora de la pérdida	[1]
Lugar de la pérdida	[1]

[12 marks: 8/12**]**

D Habla: presentación

Use the following pictures to describe how you lost your money in Spain.

1

2

3

4

5

6

3.14 Un robo

Atraco en Barcelona

oy hubo un robo en el Banco de Sabadell a las catorce treinta horas. El joven atracador tenía bigote y gafas y el pelo largo y moreno. También tenía una nariz muy grande. Después de robar mil seiscientos cincuenta euros, se escapó corriendo hacia una boca del metro, pero como había demasiados policías allí, decidió coger un taxi. Al llegar al puente, el ladrón bajó del taxi y cogió la segunda calle a la izquierda. De repente, surgieron tres policías y el delincuente dejó caer al suelo una bolsa que contenía una cámara, un billetero, un reloj de oro de señora, un peine y el dinero por supuesto. Pero los policías no lograron arrestar al atracador.

A Lee y contesta

Escribe la letra apropiada en la casilla.

Ejemplo: *El robo tuvo lugar a . . .*

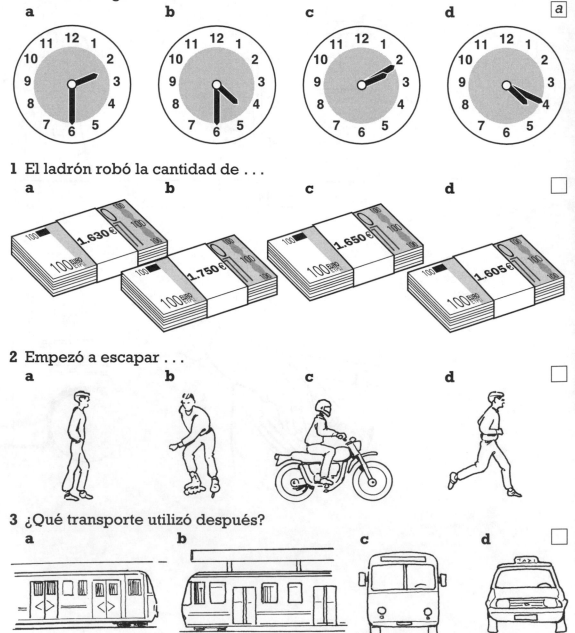

1 El ladrón robó la cantidad de . . .

2 Empezó a escapar . . .

3 ¿Qué transporte utilizó después?

4 Tomó la calle . . .

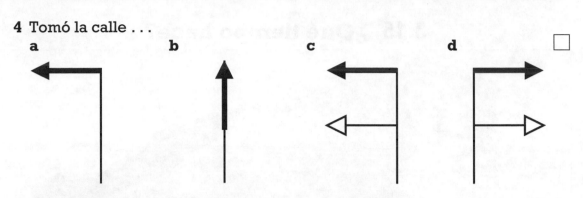

a   b   c   d

5 Selecciona el dibujo que corresponde al ladrón.

a   b   c   d

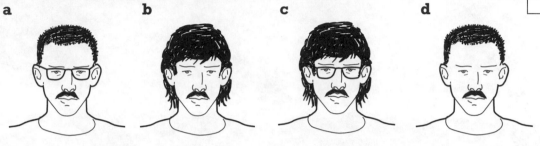

6 ¿Cuál era su bolsa?

a   b   c   d

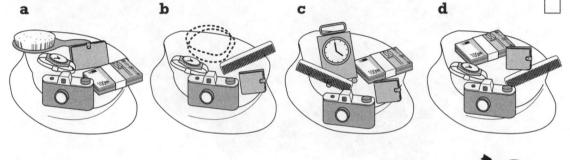

[6 marks: 4/6]

B Habla: conversación

Yesterday you were taking photos in the street when the hold-up happened. You also took a photo of the robber. Listen to the cassette and answer the policeman's questions. He speaks first.

1 Say where you were when the robbery took place.
2 Say what happened.
3 Be prepared to answer a question.
4 Explain that you have taken a photo.

C Escribe

Escribe a tu amiga Mercedes para contarle cómo pasaste tus vacaciones en Barcelona. Incluye el episodio del robo y tus impresiones de la ciudad. ¿Vas a volver a Barcelona?

Escribe unas 150 palabras.

3.15 ¿Qué tiempo hace?

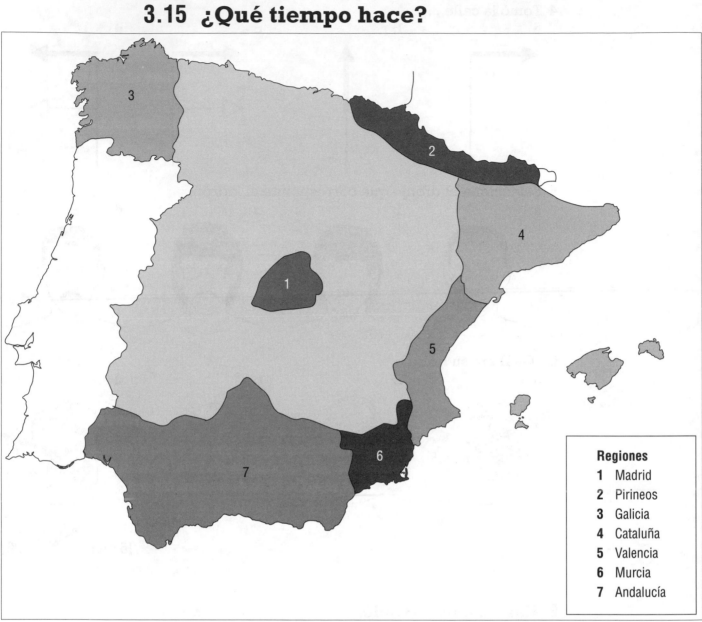

Regiones
1 Madrid
2 Pirineos
3 Galicia
4 Cataluña
5 Valencia
6 Murcia
7 Andalucía

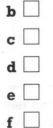 **A Escucha y contesta**

1 Escucha el casete y escribe los números de las regiones del mapa en las casillas según el orden indicado en el pronóstico del tiempo.

Ejemplo: **a** ☐ 2

b ☐

c ☐

d ☐

e ☐

f ☐

g ☐

[6 marks: 4/6]

2 Mira los dibujos de abajo y escucha el casete otra vez. ¿A qué región corresponden los dibujos? Escribe el número correcto en cada casilla.

Ejemplo: **a** 2

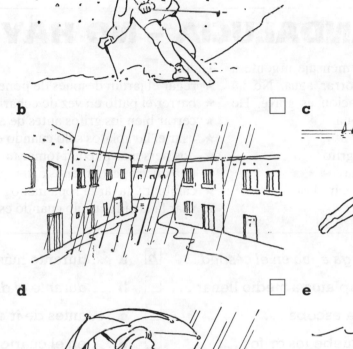

b ☐

c ☐

d ☐

e ☐

f ☐

g ☐

[6 marks: 4/6]

✏️ **B Escribe**

Escribe una postal a tu amigo/a español(a). Menciona:

■ dónde estás
■ el tiempo que hizo ayer
■ las actividades que pudiste realizar
■ las actividades que no pudiste realizar.

3.16 El agua – un recurso que hay que valorar

A Lee y contesta

Lee este artículo de un periódico. Completa las frases, poniendo la letra correcta en la casilla.

CRISIS EN ANDALUCÍA – NO HAY AGUA

El gobierno ayer mandó un mensaje urgente a los andaluces: hay que ahorrar agua. No ha llovido en seis meses y la situación es grave. He aquí unos trucos para ahorrar agua.

Hombres: al afeitarse, cerrar el grifo
Chicos: no hacer juegos con agua
Conductores: para lavar el coche, ir al río

Todos:
★ regar el jardín después de ponerse el sol
★ barrer el patio en vez de echarle agua
★ cerrar bien los grifos antes de acostarse
★ usar el lavaplatos sólo cuando esté lleno
★ dos personas pueden tomar un baño juntos
★ una ducha gasta menos agua que un baño
★ cambiar y lavar la ropa menos
★ usar la lavadora sólo cuando esté llena

Ejemplo:

1 *No ponga agua en el césped . . .* $\boxed{b}$ a . . . durante más tiempo.

2 Un lavaplatos a medio llenar . . . ☐   b . . . *durante el día.*

3 Use una escoba . . . ☐   c . . . antes de ir a la cama.

4 Compruebe los grifos . . . ☐   d . . . en el cuarto de baño.

5 Lleve la misma ropa . . . ☐   e . . . esté llena.

6 No deje correr el agua . . . ☐   f . . . derrocha el agua.

7 Espere a que la lavadora . . . ☐   g . . . para limpiar fuera de la casa.

8 No use agua del grifo . . . ☐   h . . . para jugar.

9 El agua no es . . . ☐   i . . . un baño.

10 Comparta . . . ☐   j . . . para limpiar el coche.

[9 marks: 5/9]

B Escribe

You have just spent your holidays in Andalucía during a drought. There was water in the taps for only two hours per day. Write to your friend in Galicia. Mention:

- cómo estaba el campo
- el tiempo que hacía
- problemas causados por la falta de agua
- lo que hacías para beber
- lo que hacías para lavarte
- qué vas a hacer ahora en casa en tu país para ahorrar agua.

3.17 El lobo ibérico en peligro

EL LOBO
EN PELIGRO DE EXTINCIÓN

Desde tiempos remotos, el lobo ha representado para el hombre la encarnación del mal. Nada más lejos de la realidad, este animal es simplemente un magnífico predador que si no lo evitamos, pronto desaparecerá de nuestro territorio.

Puede alcanzar una longitud de 1,80 m., incluida la cola, que mide unos 40 cm. De cuerpo delgado, profundo pecho, vientre hundido y patas finas, su hocico es alargado y agudo. El pelo es corto y áspero, de color pardo o rojizo con manchas negras en las patas anteriores.

HABITAT Y ALIMENTACIÓN

Vive en manadas muy jerarquizadas en Galicia, Asturias y Castilla-León, aunque también hay algunas parejas en Cantabria, Extremadura y Sierra Morena.

Su alimentación se basa en grandes herbívoros, ovejas, concjos y otros roedores, aves y reptiles. Si el hambre aprieta, se atreve con la carroña.

ES CURIOSO

El lobo alcanza una velocidad de 40 km/h y en una noche puede recorrer de 40 a 60 kms. Los cachorros pueden domesticarse.

Si alguien está interesado en su protección, la organización ecologista Ciconia (apdo. correos 29007, Barcelona 08080) se ocupa de su defensa.

 Lee y contesta

Lee el artículo y rellena los espacios usando las palabras de la casilla.

El lobo siempre ha representado el 1 .... pero ahora los

expertos dicen que el lobo va a 2 .... El lobo tiene una

3 .... que mide 40 cm. No vive solo: vive en

4 .... Cuando el lobo come una oveja, los

5 .... se enfadan. El lobo corre muy

6 .... En una noche puede cubrir muchos

7 .... La organización Ciconia intenta

8 .... al lobo.

| mal proteger rápidamente ganaderos cola manadas desaparecer kilómetros |

[8 marks: 6/8]

4 El mundo del trabajo

4.1 Trabajos ocasionales

A Lee y contesta

Lee los anuncios y subraya la frase correcta.

> **Ofertas**
>
> Camarero con experiencia se ofrece para trabajar fines de semana.
> Teléfono Carlos 91 416 43 28.
>
> Nativo da clases de francés. Llamar mañanas.
> Pierre 91 236 72 51.
>
> ¿Se va de vacaciones? Yo cuido de sus pájaros. Llamar tardes.
> Consuelo 91 324 52 41.
>
> Soy estudiante y busco trabajo de las 1700 a las 2100.
> Teléfono Paco 91 398 74 56.
>
> ¿Tiene problemas con sus plantas, sus flores, sus arbustos? Doy consejo gratis.
> Teléfono Antonio 91 346 78 32.

Ejemplo: Carlos quiere trabajar los lunes / los martes / <u>los sábados</u>.

1 Carlos quiere trabajar en un bar / en una fábrica / en un colegio.
2 Pierre es obrero / dentista / profesor.
3 Consuelo quiere trabajar con animales / con niños / con enfermos.
4 Paco quiere trabajar por la mañana / por la tarde / los fines de semana.
5 Antonio es cartero / jardinero / carnicero.

[5 marks: 4/5]

B Escribe

El año pasado trabajaste en España durante tus vacaciones. Escribe un artículo describiendo tu experiencia. Menciona:

- en qué trabajabas
- tu opinión del trabajo
- dónde vivías
- cuánto ganaste
- qué hiciste y qué harás con el dinero.

4.2 Para pagarse las vacaciones . . .

A Escucha y contesta

Listen to Marta and Teresa discussing how to earn some holiday money. Then answer the questions in English.

1 Where is Teresa's family going? ....

2 Why are they going there? ....

3 Why can't Marta go with them? ....

4 When does Teresa want to go to Madrid? ....

5 Where does Aunt Andrea live? ....

6 What does Aunt Andrea want to do? ....

7 What two things will Marta and Teresa do to earn money? ....

.... [2]

8 What will the girls do with the money they earn? ....

9 Why does Marta want Teresa to phone Aunt Andrea? ....

....

[10 marks: 6/10]

B Habla: presentación

Describe tu jardín o un jardín público cerca de tu casa. Explica:

- quién lo cuida
- en qué estaciones del año se hace
- quién utiliza el jardín y qué hacen
- qué tipo de jardín te gusta más
- qué flores, plantas y árboles prefieres.

4.3 Nacho habla de su trabajo de verano

A Escucha y contesta

Escucha la entrevista con Nacho y escribe la letra correcta en la casilla.

1 ¿Dónde trabajó Nacho?
- **a** en una oficina
- **b** en un colegio
- **c** en un hotel
- **d** en una agencia de viajes ☐

2 ¿Por qué le gustó la primera semana?
- **a** había mucho que hacer
- **b** había poco que hacer
- **c** los clientes eran interesantes
- **d** se sentía aburrido ☐

3 ¿Cómo se sentía durante el resto del tiempo?
- **a** aburrido
- **b** ocupado
- **c** perezoso
- **d** poco aburrido ☐

4 ¿Por qué había pocos clientes?
- **a** la agencia era cara
- **b** la agencia era barata
- **c** la gente era rica
- **d** la gente era pobre ☐

5 ¿Qué hizo una colega un día?
- **a** le insultó
- **b** bebió su café
- **c** salió con él
- **d** hizo café ☐

[5 marks: 4/5]

B Habla: presentación

El año que viene quieres trabajar en España. Explica a tu amigo español:

- a qué parte quieres ir
- qué tipo de trabajo quieres hacer
- qué quieres hacer durante tu tiempo libre.

C Habla: conversación

You are telling your friend about the jobs you did to save up money for a holiday. Your friend starts the conversation. Answer appropriately, using the picture prompts, or your own ideas, as you prefer.

1 Describe one job that you did.
2 Mention another couple of ways you earned some money.
3 Say that you put the money in the bank.
4 Be prepared to answer a question.

D Escribe

Escribe una carta a tu amiga española, diciendo que quieres visitarla en España al final del verano. Menciona:

■ las fechas de la visita
■ dos trabajos que vas a hacer para ganar el dinero necesario
■ un trabajo que hiciste el fin de semana pasado
■ tus impresiones de tu jefe.

4.4 Un cursillo de verano

Cursillos de verano
EN ALICANTE

En el colegio Santa Faz este verano podrá mejorar su castellano y pasar unas vacaciones fenomenales al mismo tiempo.

Ofrecemos cursillos en la lengua española a tres niveles: básico, intermediario y avanzado, para adultos y jóvenes de todas edades. Seleccione de entre las optativas siguientes:

- Cocina española y suramericana
- El arte español de los siglos 16 y 17
- La influencia musulmana en España
- La España de hoy y de ayer
- Los Pirineos y la región del norte
- Escritores clásicos del Siglo de Oro
- Música clásica de Aranjuez
- El baile flamenco tradicional
- Los problemas económicos del sur
- Valencia y su agricultura
- 20 años del cine español (1976–1996)
- La poesía de García Lorca
- Dalí y la pintura abstracta.

Además podrá visitar la maravillosa región del Levante con sus playas espléndidas, sus montes, sus cuevas, y sus ciudades históricas. Deportes, artes, historia – habrá algo de interés para todos los gustos. Ofrecemos también las excursiones siguientes:

- Visita a la antigua ciudad de Elche con su parque extraordinario
- Visita al Aquapark en San Juan
- Visita al castillo de Guadalest
- Excursión a las playas
- Cena en un restaurante típico con demostración de cocina regional
- Visita a un taller de baile regional
- Visita a una discoteca de Benidorm

El alojamiento está organizado en residencias universitarias o en familias. El precio del curso depende del número de optativas seleccionadas y del tipo de alojamiento. Todas las excursiones se cobran por separado y con antelación.

Para saber las tarifas exactas y las fechas y para más información sobre nuestras actividades, contacte a Srta Elena Sánchez: Teléfono 34-96-345-23-32 días laborables, entre 9.00 y 14.00 horas.

A Lee y contesta

Lee el folleto y decide qué curso, optativas, excursiones y alojamiento les convendrían más a los ingleses en la tabla. Escribe cinco posibilidades para cada uno.

Nombre	Recomendaciones
Ejemplo: *A Helen le gusta la pintura moderna y nadar. Habla muy poco español y quisiera saber cómo viven los españoles. Le encanta bailar.*	• *español básico* • *Dalí y la pintura abstracta* • *alojamiento en familia* • *Aquapark (o playas)* • *discoteca en Benidorm (o taller de baile regional)*
John habla muy bien el español. Le encanta comer bien y quiere aprender a cocinar. Es muy aficionado al cine. Prefiere estar con jóvenes.	• • • • •
Peter aprende el español desde hace dos años y lo habla regular. Le gusta la geografía. Le gustaría alojarse con adultos y jóvenes de su edad.	• • • • •
Michelle habla muy bien el español pero quiere saber más sobre la literatura española. Le gusta bailar hasta muy tarde.	• • • • •

[15 marks:  8/15]

B Escribe

Escribe a Elena Sánchez, del colegio Santa Faz en Alicante.

- Pregunta sobre las fechas, el horario y los precios de los cursillos.
- Pregunta si ofrecen descuentos/becas para estudiantes extranjeros.
- Menciona las optativas y excursiones que te interesan.
- Avisa cómo quieres alojarte.
- Menciona el último curso que hiciste y da tu opinión.

4.5 Para el verano se busca . . .

Se busca a jóvenes extranjeros de 16-20 años para ayudar con niños de 8 a 12 años en campamentos de verano en Asturias. Requisitos: buen dominio del español e inglés, afición a los deportes y . . . mucha paciencia. Escribir con curriculum vitae a:

Campamentos de los Montes c/ Sánchez 31, Madrid, España.

Bar/Discoteca San Miguel, Playa San Juan, Alicante necesita entre junio y setiembre a jóvenes de 16 a 20 años para hacer de:
- camareros en terrazas/salas
- disc-jockeys
- técnicos de sonido

A Lee y escribe

You see these advertisements on your school notice board. You decide to write a letter to apply for one of them for next summer. You should include the following:

- your own details and address
- previous work experience and your opinion of it (be inventive if necessary!)
- some questions regarding the job, your free time and salary.

B Habla: conversación

You are being interviewed for one of the jobs above. Choose the one you prefer. Answer the questions on the tape. The interviewer speaks first.

1 Habla de ti.
2 Explica las razones por las que te interesa el trabajo.
3 Menciona dos detalles.
4 Haz dos preguntas sobre el puesto.
5 el 15 de julio.

4.6 Cómo buscar un trabajo

Informe empleo
te explica las técnicas de búsqueda de empleo más eficaces.

1
Este año se crearon doscientos mil puestos de trabajo, y el ministro de Trabajo y de Seguridad Social es optimista. Ya sabemos que el paro es alto pero uno de estos puestos puede ser para ti. Te ayudarán la suerte y los amigos, pero sobre todo necesitas preparar una estrategia.

2
Imagina que tu búsqueda es como un empleo y márcate un horario de las 9 a las 14 horas por las mañanas y de las 16 a las 18 por las tardes. Igual que si estuvieras en la oficina. Mantenerte ocupado te ayudará a valorarte personalmente para evitar el estrés del parado. Obsesionarte y quedarte horas delante del televisor deben evitarse.

3
Procura conseguir un espacio tranquilo sólo para ti cuando haces llamadas por teléfono. Debes tener una mesa con carpetas para guardar los recortes de periódicos y tus notas. Y si no puedes tener una mesa, quizás te venga bien un archivador para clasificar tus datos. Además necesitarás bolígrafos y papel.

4
Recuerda a todos que estás trabajando y que no pueden interrumpirte ni usar el teléfono cuando tú estás llamando. Quizás otro teléfono en una habitación sea la solución ideal para ti.

A Lee y contesta

1 Lee los consejos. Empareja el título correcto con el número de cada consejo.

a No a las interferencias = consejo número ....

b Horario = consejo número ....

c Estrategia = consejo número ....

d Centro de operaciones = consejo número ....

[4 marks: 3/4]

2 Completa las frases poniendo la letra correcta al lado de cada una.

Ejemplo:	**1**	*Debes crearte . . .*	*h*	**a**	permite vivir con menos estrés.
	2	Cuando trabajas		**b**	para guardar información importante.
	3	Estar ocupado		**c**	en España.
	4	Debes evitar		**d**	bolígrafos y papel.
	5	Necesitas un espacio		**e**	nadie te debe interrumpir.
	6	Un archivador es útil		**f**	tuyo.
	7	También te harán falta		**g**	ver demasiado la televisión.
	8	El paro es alto		**h**	*. . . un horario preciso.*

[7 marks: 4/7]

B Escribe

Rellena esta ficha con tus datos personales.

NOMBRE: ....

APELLIDO(S): ....

DIRECCIÓN: ....

TELÉFONO: ....

ESTADO CIVIL: ....

ESTUDIOS: ....

EXPERIENCIA PROFESIONAL: ....

....

....

....

....

....

IDIOMAS: ....

AFICIONES: ....

....

....

....

....

4.7 Conéctate a Internet

A Lee y contesta

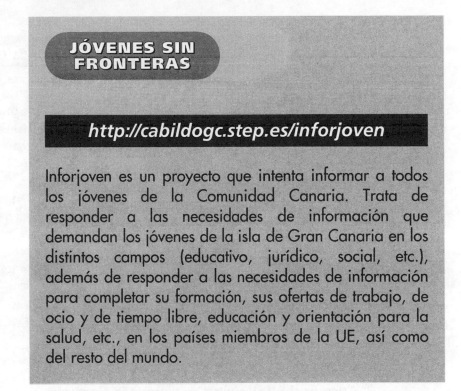

JÓVENES SIN FRONTERAS

http://cabildogc.step.es/inforjoven

Inforjoven es un proyecto que intenta informar a todos los jóvenes de la Comunidad Canaria. Trata de responder a las necesidades de información que demandan los jóvenes de la isla de Gran Canaria en los distintos campos (educativo, jurídico, social, etc.), además de responder a las necesidades de información para completar su formación, sus ofertas de trabajo, de ocio y de tiempo libre, educación y orientación para la salud, etc., en los países miembros de la UE, así como del resto del mundo.

1 Read this extract from a website and give in English any four of the aims of *Inforjoven*.

Example: *provide information to all young people in the Canary Islands*

a ....

b ....

c ....

d ....

[4 marks: 2/4]

POR FIN . . . ¡TRABAJO!

http://helpwanted.com

Para aquellos que estén un poco desesperados a la hora de buscar trabajo les presentamos una de las primeras empresas de colocación a distancia que existen en Internet. Si deseas trabajar en cualquier punto del globo, quizás deberías darte una vuelta por el servidor de 'Buscamos trabajo' en la dirección: http://helpwanted.com

Podéis mandar vuestro currículum para ponerlo a disposición de terceras empresas interesadas en la contratación de personal – que serán expuestos sin coste alguno – o bien podéis ojear las empresas que solicitan candidatos a un puesto de trabajo.

Como por intentarlo nada se pierde; hay quien ha encontrado un pequeño trabajo gracias a su búsqueda por el servidor, no tardéis mucho en conectar. Quizás estéis perdiendo la oportunidad de vuestra vida . . .

2 Answer the following questions in English:

a You access this site because you feel .... [1]

b What is special about the site? .... [1]

c Where could you find a job? .... [1]

d What could you send? .... [1]

e What is the fee? .... [1]

f How else could you use the site? .... [1]

g Give two reasons for trying out the site. ....

.... [2]

[8 marks: 6/8]

B Escribe

Escribe un e-mail a Inforjoven (Ejercicio A). Incluye cinco detalles en total:

- quién eres
- dónde vives
- tus estudios actuales
- lo que te interesa saber
- tipo de jóvenes con quienes quieres comunicarte **o** tipos de empleos que no te interesan.

4.8 Trabajo y ambiciones

A Escucha y contesta

Escucha el casete. ¿Qué profesión tiene cada persona, y dónde trabaja?
Escribe los números en las casillas y completa la tabla.

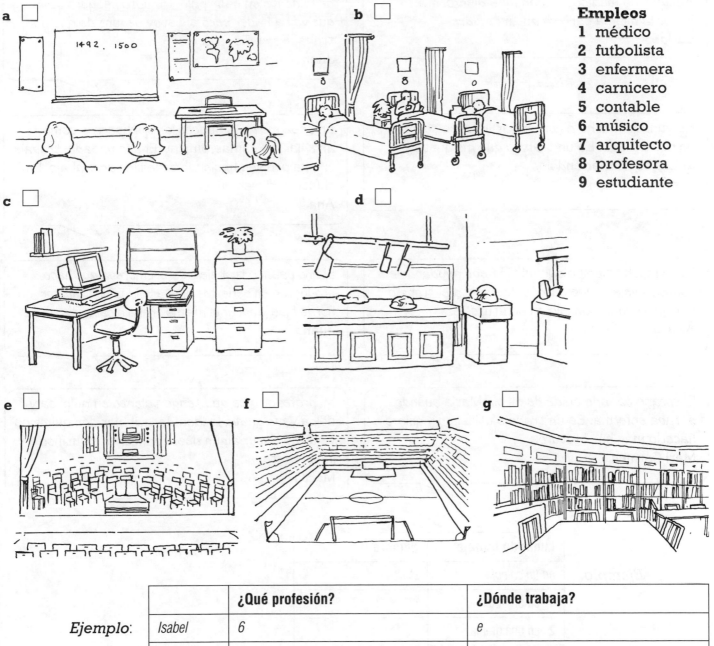

Empleos

1 médico
2 futbolista
3 enfermera
4 carnicero
5 contable
6 músico
7 arquitecto
8 profesora
9 estudiante

	¿Qué profesión?	¿Dónde trabaja?
Ejemplo: *Isabel*	6	e
Marisol		
Juan		
Roberto		
Paco		
Claudia		

[10 marks: 6/10**]**

B Lee y contesta

Lee las ambiciones de estos jóvenes. ¿Dónde quieren trabajar? Escribe los nombres correctos en la tabla.

Mi madre es profesora y mi padre es médico. Aunque los médicos ganan más dinero, quiero hacer la misma carrera que mi madre.
Carlos

Hablo dos idiomas y no me gusta la mentalidad de la gente en este país. No estoy seguro de lo que voy a hacer pero sí estoy seguro de que no trabajaré en España.
Juan

He ganado mucho dinero reparando los coches de mis amigos. Es un trabajo que me gusta y quiero seguir haciéndolo.
José

En casa me gusta hacer los quehaceres como arreglar las camas, limpiar. El año pasado, trabajé en una pensión haciendo este tipo de trabajo. En el futuro pienso buscar más trabajo así.
Ana

Paso mucho tiempo con mi tío Pepe ayudándole con las ovejas y los cerdos. Me gusta el trabajo y quiero seguir con ello en el futuro.
Álvaro

El año pasado trabajé en una empresa que hace productos en serie. Me gusta la idea de trabajar horas fijas y hacer el mismo trabajo cada día.
Juana

El verano pasado cuidé de mi tía María cuando estaba enferma. Es un trabajo utilísimo y quiero hacerlo más en el futuro.
Mari Carmen

Mi profesor dice que tengo talento en química y física y me gusta la idea de trabajar con químicos y quizás hacer algún descubrimiento científico importante.
Marta

	Lugar de trabajo	Nombre
Ejemplo:	*en un colegio*	*Carlos*
1	en un hotel	
2	en una granja	
3	en un laboratorio	
4	en el extranjero	
5	en una fábrica	
6	en un hospital	
7	en un garaje	

[7 marks:  5/7]

4.9 Un puesto de traductora

Lee y contesta

1 Lee la carta y contesta en español a las preguntas.

Londres, 3 de enero de 2002

Muy señor mío:

Acabo de ver su anuncio en el diario de hoy y quisiera solicitar el puesto de traductora en su servicio de Compras y Ventas.

Como verá en mi currículum, tengo amplia experiencia ya que trabajo desde hace tres años en una compañía similar a la suya. La razón por la cual deseo establecerme en Madrid es que acabo de casarme con un español que reside en la capital. Soy inglesa, pero hablo y escribo el italiano, el español y el francés porque mi madre es italiana y estudié francés y español en la universidad de Leeds. Residí un año en Francia y un año en España donde conocí a mi esposo mientras trabajaba como secretaria y traductora en su oficina de abogados internacionales.

Puede conseguir sin ningún problema referencias de mis jefes tanto en Londres como en Madrid. Podría empezar el trabajo a partir del 1 de marzo, puesto que llegaré a Madrid el 15 de febrero. Sin embargo, si necesita entrevistarme, no vería ningún inconveniente en acudir a Madrid antes de esas fechas.

Le puedo asegurar que soy trabajadora, eficaz y paciente y que su empleo es de gran interés para mí.

En espera de una contestación favorable, le saluda muy atentamente

R. Hugh de Gómez

Roberta Hugh de Gómez

Anexos: fotocopia de diplomas y curriculum vitae

Ejemplo: *¿Cómo se llama la candidata para el puesto? . . . Roberta Hugh . . .*

a ¿Está casada? ....

b ¿Cuál es su nacionalidad? ....

c ¿Cuál es la nacionalidad de su madre? ....

d ¿Dónde vive de momento? ....

e ¿Adónde va a vivir en febrero? ....

f ¿En qué ciudad quiere trabajar? ....

g ¿Cuánto tiempo estuvo en Francia? ....

h ¿Cuál era su trabajo en Madrid? ....

i ¿Qué nacionalidad tiene su marido? ....

j ¿Qué estudió Roberta en Leeds? ....

[10 marks: 6/10]

2 Lee el currículum de Roberta y pon unas ✓ en la tabla.

CURRICULUM VITAE

NOMBRE: Roberta
APELLIDOS: Hugh de Gómez
FECHA DE NACIMIENTO: 30/06/1972
ESTADO CIVIL: Casada
DOMICILIO: 13 Alberry Road, Ealing, Londres W5, Inglaterra
Tel: 020 8534 3366
C/ Villalobos 33, Madrid, España Tel: 91 788 67 76

Datos académicos
ESTUDIOS:
1996–1997	Curso de traductora – Universidad de Leeds
1996	Licenciatura en francés y español
1991	*'A' levels* en historia, francés y español en el Convento Santa María, Kilburn, Londres, Inglaterra
1989	*GCSE* en inglés (literatura y lengua), francés, español, historia, matemáticas, geografía, religión y artes en el Convento Santa María, Kilburn, Londres, Inglaterra

Experiencia profesional
EMPLEO ACTUAL
Traductora desde 5/1/99 hasta la fecha
Empresa: Simpkins Distributors Ltd
23 Golden Square, London WC1 3BN
Tel: 020 7494 6272
Sueldo actual: 19.500 libras esterlinas anuales

EMPLEOS ANTERIORES:
1998	Secretaria/traductora Empresa: Bufete Legal Sánchez y Gómez C/ Villalonga 32, Madrid Tel: 91 855 78 84
1996	Formación profesional de traductora Instituto: Milton & Brown Inc. 121 Regent Street, Leeds, Inglaterra
1994–1995	Au-pair en París, Francia
1991–1992	Trabajo en un kibbutz en Israel

AFICIONES: Filatelia, lectura, arte dramático, gimnasia, piragüismo

		1972	1984	1989	1991	1992	1994	1995	1996	1997	1998	1999	2000	2001	2002
Ejemplo:	**a** *Nació*	✓													
	b Se casó														
	c Hizo un examen de inglés														
	d Estudió para traductora [2]														
	e Obtuvo su licenciatura														
	f Empezó en Simpkins														
	g Estuvo en Israel [2]														
	h Hizo formación profesional														
	i Aprobó sus *'A' levels*														
	j Trabajó en París [2]														

[12 marks: 8/12]

4.10 **La belleza – una carrera**

Lee y contesta

Lee los textos sobre Esther y Lola y completa las frases.

ESTHER RODRÍGUEZ
Esteticista

Hace tres años que es esteticista. Asegura que de la estética lo que más le interesa son los masajes y las técnicas orientales de relajación y lo que menos la belleza de los pies.
¿Por qué esta profesión?

Estaba cansada de trabajos poco creativos y sin futuro.
¿Qué cualidades hay que tener para ser esteticista?
Lo principal es saber captar qué es lo que espera la cliente de tu trabajo, qué es lo que necesita. Cada persona necesita un tratamiento determinado para conseguir sentirse mejor.
¿Qué es lo que más te gusta de tu trabajo?
El contacto con las personas y las posibilidades que tienes de ampliar conocimientos. Tienes que saber escuchar y conseguir que la persona se sienta bien y olvide durante un rato todos sus problemas.

LOLA PRIEGO
Peluquera

Esta madrileña de 38 años lleva 15 años ejerciendo como peluquera y asegura que continúa teniendo la misma ilusión que el primer día.
Después de 15 años trabajando de peluquera, ¿no cansa hacer siempre lo mismo?
Esta es una profesión que permite dar rienda suelta a tu imaginación, que te da la posibilidad de realizarte.
¿Qué es lo que más te gusta de tu profesión?
La creatividad es lo más bonito, la necesidad de adaptar los peinados a los rasgos de las personas.
¿Qué te ha hecho sentir más satisfecha de tu trabajo?
Recuerdo a una clienta muy clásica a quien le hice un peinado muy atrevido. Al terminar me dijo que lo que no había conseguido su psicólogo en 10 años, yo lo había logrado en dos semanas: enfrentarse a sus propios fantasmas. Estaba guapísima.
¿Los peinados de moda son iguales para todo el mundo?
Existen unas tendencias, pero tú debes saber adaptar ese peinado de moda a cada cliente en particular. No es lo mismo una cara ovalada que una redonda.

Esther

1 Ejerce su profesión desde hace ....

2 Lo que más le gusta son los .... [2]

3 Lo que menos le gusta es la ....

4 No quería un trabajo poco...

5 ni un trabajo sin...

6 Lo más importante para Esther es saber...

Lola

1 Ella es...

2 Tiene ....

3 Ejerce su profesión desde hace ....

4 Está tan ilusionada como ....

5 Esta profesión permite ....

6 Lo más bonito es la ....

[13 marks: 8/13]

4.11 Una vacante en El Corte Inglés

EL CORTE INGLÉS

Somos los mayores almacenes de España.
¿Le gustaría trabajar en el centro de Madrid?
Nuestro departamento de artículos de cuero busca a un/una
joven de nacionalidad británica para trabajar en nuestro
almacén vendiendo a clientes de habla inglesa. Conocimiento
de francés también sería una ventaja. Salario elevado y
alojamiento incluido. Mande sus datos personales con un
sobre franqueado a su nombre a:
José Ruiz, El Corte Inglés, Madrid.

 A Lee y contesta

Read the job advert and answer the questions in English.

1 What do you learn about *Corte Inglés* from the first line of the advert?

    ....

2 Where exactly is the store? ....

3 What articles would you be selling?...

4 Why are they looking for someone British? ....

    ....

5 Apart from the ability to speak English, what other skill is sought? ....

    ....

6 What information is given about pay? ....

7 What information is given about accommodation? ....

8 What must you send with your personal details?...................................

    ....

[8 marks: 6/8]

 B Escribe

El trabajo del anuncio te interesa. Escribe una carta a José Ruiz. Menciona:

■ tus detalles personales
■ tu edad
■ las lenguas que hablas
■ tu experiencia en este tipo de trabajo
■ tu personalidad
■ si conoces ya España.

4.12 Busco trabajo en Inglaterra

A Lee y contesta

Lee esta carta de una revista española. ¿Las frases son verdaderas o falsas? Escribe V o F en la casilla.

> Escribo a su revista para pedir ayuda. Ya sé que tiene muchos lectores en Inglaterra y es a ellos que me dirijo. Soy argentina pero vivo en España. Estoy aprendiendo el oficio de peluquera y quiero trabajar un año en Inglaterra para aprender cómo son las peluquerías británicas. He escrito a muchas agencias pidiendo ayuda. Unas no han contestado y otras quieren cantidades fantásticas de dinero para buscar lo que necesito. Me iría bien una peluquería en cualquier parte de Gran Bretaña y por supuesto, alojamiento en la vecindad. No necesito un salario elevado porque estaré allí para aprender, no para ganar dinero. ¿Alguien puede ayudarme?
>
> *Conchita, León*

1 Conchita nació en España.
2 Conchita tiene domicilio en España.
3 La revista se lee sólo en España.
4 Conchita quiere ser abogada.
5 Conchita quiere trabajar en Inglaterra.
6 Conchita cree que las agencias son caras.
7 Todas las agencias han contestado a sus cartas.
8 Conchita quiere trabajar en el sur de Inglaterra.
9 Conchita no aceptaría un trabajo en Escocia.
10 Conchita quiere ganar mucho dinero.

[10 marks: 7/10]

B Escribe

Tu amigo Paul es peluquero. Paul ofrece dar trabajo a Conchita. Escribe una carta a Conchita. Menciona:

- dónde viste su carta
- tu amigo Paul y su oferta
- en qué parte de Gran Bretaña vive Paul
- su personalidad
- datos del trabajo que le ofrece a Conchita
- que Paul espera que le escriba Conchita.

4.13 Una oferta de trabajo

A Escucha y contesta

Rafael está hablando de un puesto que le han ofrecido. Escucha el casete y toma notas.

1 ¿Qué tipo de trabajo busca? ....

2 ¿Por qué le gusta este tipo de trabajo? ....
....

3 ¿Dónde trabajará? ....

4 Los Estados Unidos no le convienen porque ....

5 Duración de la estancia en el extranjero ....

6 ¿Qué hará con su dinero en el extranjero? ....

7 ¿Qué hará al volver a España? ....

[7 marks: 🎯 4/7]

B Habla: conversación

You are in Spain and you are looking for a summer job. You go to a job agency. The agent will start the conversation. Use the cassette to listen to his questions and use the prompts below as a basis for your replies.

- datos personales
- duración de estancia
- tipo de trabajo preferido
- experiencia
- Contesta a la pregunta.

C Escribe

Quieres ir a trabajar en España. Escribe una carta al dueño de una empresa en Barcelona pidiendo trabajo. Menciona:

- el tipo de trabajo que quieres hacer
- por qué te gusta ese tipo de trabajo
- tu nivel de español
- tu experiencia en ese tipo de trabajo
- la razón por la cual quieres trabajar en España
- lo que harás en España.

4.14 Trabajo en el extranjero

A Escucha y contesta

Escucha esta conversación entre un chico y su abuelo. Pon la letra correcta en la casilla para emparejar las frases.

Ejemplo:

1 *Antes de 1968 . . .*   ☐ *d*

2 Al llegar a Inglaterra . . . ☐
3 En 1971 . . . ☐
4 Durante tres años . . . ☐

5 La pareja ha guardado . . . ☐

6 La abuela no pudo ir a Inglaterra . . . ☐
7 El abuelo encontró . . . ☐
8 El abuelo se alojó . . . ☐

9 En Inglaterra el abuelo gastó . . . ☐
10 Más tarde nacieron . . . ☐

a . . . el abuelo estaba desempleado.
b . . . los dos se casaron.
c . . . su correspondencia.
d . . . *el abuelo y la abuela eran novios.*
e . . . trabajo en un restaurante/bar.
f . . . con un pariente.
g . . . los abuelos no se vieron.
h . . . por responsabilidades de familia.
i . . . cuatro hijos.
j . . . muy poco dinero.

[9 marks: ◎ **6/9]**

B Lee y contesta

Three Spaniards are talking about getting work experience abroad and their future in different fields of design. Read what they say and fill in the grid in English.

Me llamo José. Voy a trabajar en Alemania. Estaré allí dos meses. Es que me gusta el clima más fresco de allí. Estaré en una fábrica de coches y un día quiero trabajar en una fábrica así diseñando coches.
José

Me llamo Isabel. Voy a trabajar en Italia. Pasaré un año entero en Roma. Me gusta la gente de Italia. Mi padre es sastre y quiero trabajar en una casa de modas. En el futuro quiero trabajar en el diseño de modas.
Isabel

Me llamo Enrique. Voy a trabajar en Francia durante dos semanas, nada más. Una cosa, es que me encanta la cocina francesa. Voy a trabajar en una fábrica de aviones. En el futuro voy a trabajar diseñando aviones.
Enrique

	José	Isabel	Enrique
Which country?			
How long?			
Reason for liking the country			
What he/she would like to design			

[12 marks: ◎ **8/12]**

4.15 El mundo de la moda

Lee y contesta

A Mira los dibujos y empareja los títulos de abajo con ellos. Escribe las letras correctas en las casillas.

1 ☐   **2** 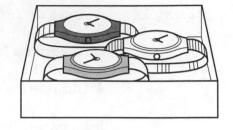 ☐

Ejemplo: **3** 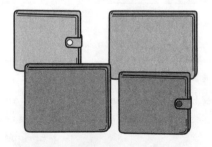 〔g〕   **4** 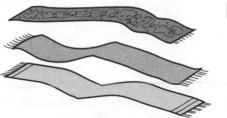 ☐

5 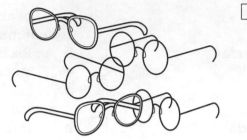 ☐   **6** 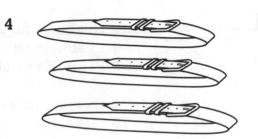 ☐

7  ☐

    a Cinturones con estilo
    b Un buen par de guantes
    c Bien abrigados
    d Todo en orden
    e Miradas elegantes
    f La hora exacta
    g Un aire clásico

[6 marks:  **4/6]**

B Empareja los dibujos con las descripciones de abajo.

1 2 3

4 5 6

7 8 9

Ejemplo:	**a**	*Faldas y Blusas*	5
	b	Chaquetas	
	c	Pantalones	
	d	Chalecos	
	e	Suéteres	
	f	Bermudas	
	g	Zapatos	
	h	Bolsos de piel	
	i	Botines	

[8 marks:  6/8]

C Empareja las imágenes con las frases adecuadas de abajo. Escribe los números correctos en las casillas.

a Chaqueta de lana 100%. Falda con cinturón. Blusa de satín.

b Falda evasé. Chaleco de lana 100%. Blusa camisera de satín.

c Pantalón con cinturón. Suéter con cuello polo.

d Chaqueta corta y pantalón con cinturón, de Príncipe de Gales. Suéter con cuello cisne.

[4 marks: 2/4]

5.1 Comer en francés, en italiano . . .

A Lee y contesta

Read the article and answer the questions in English.

Comer en francés, en italiano, en chino . . . sin salir de tu ciudad

Descubre mundos distintos a través de nuevos sabores.

De vez en cuando hay ocasión para cenar fuera de casa. Una celebración, una velada romántica, una reunión con los compañeros de trabajo . . . Sorpréndelos y escoge para la ocasión un restaurante de cocina internacional. Saborearéis las más insospechadas exquisiteces: desde *foiegras* de Estrasburgo a osobucco italiano, pasando por la sofisticada comida oriental. Es como viajar sin moverse de España y conocer nuevos mundos a través de otros sabores. Una vez en el restaurante, si no entendemos los nombres del menú, es mejor preguntar antes que encargar por ignorancia un plato que no nos guste. La mayoría de los restaurantes cuentan con un menú del día más económico que la carta.

1 Name two advantages of eating foreign food. ....
.... y... [2]

2 What advice is given? ....

3 Why? ....

4 What do most restaurants offer? ....

5 Which three countries' food could you get to know? ....

.... [3]

[8 marks: 5/8]

B Escribe

Acabas de comer en un restaurante. Manda una postal a tu amigo/a español(a). Menciona:

- el tipo de restaurante
- con quién fuiste
- lo que comiste
- si fue barato o no
- algo personal.

5.2 Alojamiento para las vacaciones

A Lee y contesta

Lee los anuncios de alojamiento para las vacaciones. ¿Qué alojamiento es mejor para qué familia? Pon la letra correcta en cada casilla.

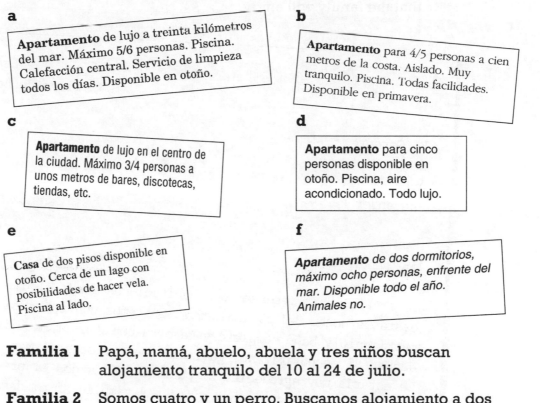

a
Apartamento de lujo a treinta kilómetros del mar. Máximo 5/6 personas. Piscina. Calefacción central. Servicio de limpieza todos los días. Disponible en otoño.

b
Apartamento para 4/5 personas a cien metros de la costa. Aislado. Muy tranquilo. Piscina. Todas facilidades. Disponible en primavera.

c
Apartamento de lujo en el centro de la ciudad. Máximo 3/4 personas a unos metros de bares, discotecas, tiendas, etc.

d
Apartamento para cinco personas disponible en otoño. Piscina, aire acondicionado. Todo lujo.

e
Casa de dos pisos disponible en otoño. Cerca de un lago con posibilidades de hacer vela. Piscina al lado.

f
Apartamento de dos dormitorios, máximo ocho personas, enfrente del mar. Disponible todo el año. Animales no.

Familia 1 Papá, mamá, abuelo, abuela y tres niños buscan alojamiento tranquilo del 10 al 24 de julio. ☐

Familia 2 Somos cuatro y un perro. Buscamos alojamiento a dos minutos máximo de la playa del 14 al 21 de abril. ☐

Familia 3 Familia con dos niños y un gato busca alojamiento del 20 al 27 de octubre cerca de río, canal, estanque (pero no del mar). Tenemos barco. ☐

Familia 4 Somos tres y buscamos piso con ambiente y marcha del 12 al 19 de abril. ☐

Familia 5 Somos cinco y buscamos apartamento de lujo muy cerca del mar del 23 al 30 de octubre. ☐

[5 marks: 🎯 **3/5]**

B Escribe

Te vas de vacaciones con tu familia y buscáis un piso en Málaga. Escribe una carta a la oficina de turismo de Málaga. Menciona o pregunta sobre:

- el número de dormitorios que queréis
- la distancia del mar
- qué facilidades hay cerca
- los medios de transporte dentro de la ciudad
- transporte del aeropuerto al piso
- cuándo visitaréis Málaga.

5.3 Una reserva de hotel

A Lee y escribe

Read the letter and write a reply, answering all the questions. Say what improvements you have made to the hotel recently and suggest activities that the family will enjoy.

Sra R. Guerra
Diego de León 5, 2°-2ª
Salamanca

El Gerente
Hotel Vistamar
Avenida del Príncipe, 3
Santander

5 de junio de 2002

Muy señor mío:

Le escribo para reservar dos habitaciones desde el día 15 de julio hasta la noche del 29 inclusive. Queremos una con cama de matrimonio y baño completo y la otra con dos camas individuales y ducha. Si es posible nos gustaría tener vistas al mar.
Le estaría muy agradecida si pudiese indicarnos el precio de cada habitación para las fechas citadas y también si el desayuno está incluido o no.
    Nos gustaría saber lo que hay para los turistas en Santander en verano. Tenemos un hijo de 13 años a quien le gustan mucho los deportes y una hija de 19 años. ¿Quizás pueda incluir algunos folletos turísticos con los documentos de la reserva?
    ¿Cómo es la playa cerca del hotel? Espero que no esté sucia ni con rocas. Llegaremos en coche y nos gustaría saber si el hotel dispone de un aparcamiento para sus clientes.
    Le agradezco de antemano toda la información que Vd pueda ofrecernos y le saludo muy atentamente.

R. Guerra

Remedios Guerra

B Habla: conversación

You are staying at a hotel and have a series of complaints. The receptionist speaks first.

1 Say that the shower does not work.
2 Say that there is no toilet paper.
3 Say that you cannot sleep because of the noise from the disco.
4 Say that the bed is too hard.

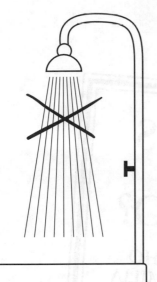

5.4 Vacaciones en San Antonio

A Lee y escribe

You are spending your holidays in San Antonio. Write a postcard to your Spanish friend.

Using the information in the leaflet, mention:

- the beach, the weather and the buildings
- sports that you have played
- food and drink
- things you have bought

¿VACACIONES EN SAN ANTONIO?

¡VISÍTANOS! TENEMOS MUCHO QUE OFRECER A TODA LA FAMILIA

★ *playas magníficas*
★ *clima excelente*
★ *arquitectura del siglo pasado*
★ *facilidades deportivas*
★ *restaurantes de alta categoría*
★ *exposición permanente de pinturas y esculturas*

B Escribe

Write a similar leaflet advertising a place you know in any part of the world.

C Habla: presentación

The notes and pictures below give an outline of a holiday you spent in
Spain. Tell the story.

1

¿Adónde?
¿Con quién?   ¿En qué mes?

2

¿Alojamiento?
¿La vista? ¿Las instalaciones?
Una playa bonita

3

Durante el día: ¿Demasiado sol? ¿Cómo era el mar? Visitas y recuerdos

4

La noche: ¿La cocina española? Una película interesante, bailar

5.5 Gana un Euroviaje

A Escucha y contesta

Escucha el anuncio y escribe un número al lado de cada sabor para indicar el orden en que están mencionados.

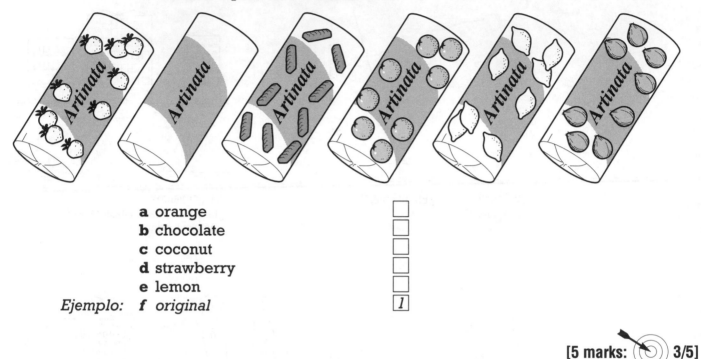

a orange		☐
b chocolate		☐
c coconut		☐
d strawberry		☐
e lemon		☐
Ejemplo: **f** original		1

[5 marks: ⊙ 3/5]

B Lee y contesta

Un Euroviaje y Regalos para los Cinco Sentidos

Artinata, la galleta rellena más ligera y crujiente que jamás hayas probado ... un auténtico placer en todos los sentidos, te ofrece ahora también regalos para tus cinco sentidos:

- *Un video del film 'Chocolat'.*
- *3 CDs de Rossini, Bach y Beethoven.*

- *Un foulard de diseño italiano.*
- *Un estuche con artículos de tocador.*
- *Un lote con toda la gama Artinata.*

Envía una carta con tus datos y 2 códigos de barras de cualquier envase de Artinata, indicando qué regalo deseas a:

ARTIACH Apartado de Correos 3.141 08080 Barcelona.

*Las 1.000 primeras cartas de cada opción tienen **Regalo Seguro**.*

*Además, todas las cartas recibidas participan en el sorteo ante Notario de **Un Viaje por Europa** para dos personas y **200 lotes completos de Regalos para los Cinco Sentidos**.*

Siempre un placer

1 Lee el texto. ¿Cuáles de los siguientes regalos puedes pedir si compras las galletas Artinata? Pon ✓ o ✗ en cada casilla.

Ejemplo:

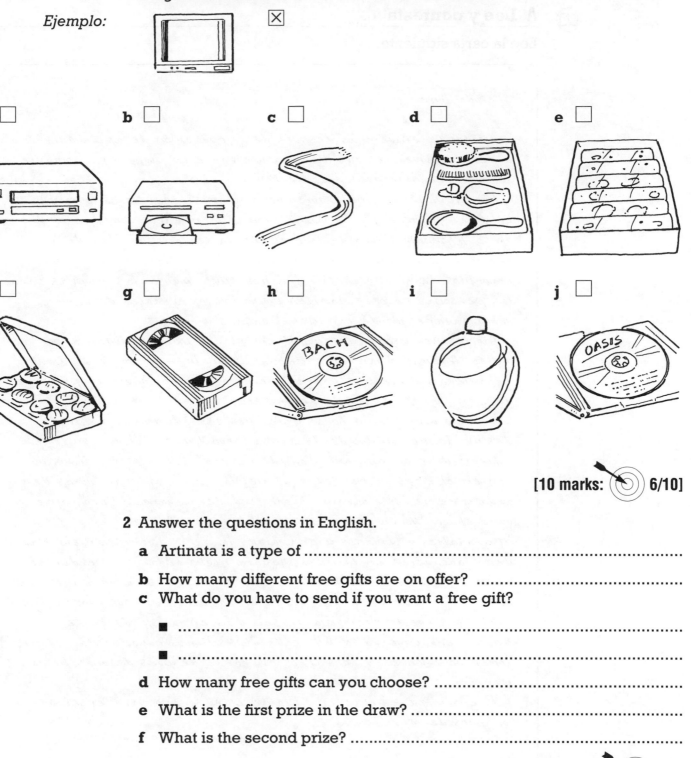

a ☐

b ☐

c ☐

d ☐

e ☐

f ☐

g ☐

h ☐

i ☐

j ☐

[10 marks: 6/10]

2 Answer the questions in English.

a Artinata is a type of ....

b How many different free gifts are on offer? ....

c What do you have to send if you want a free gift?

■ ....

■ ....

d How many free gifts can you choose? ....

e What is the first prize in the draw? ....

f What is the second prize? ....

[7 marks: 4/7]

5.6 Un viaje exótico

A Lee y contesta

Lee la carta siguiente.

Querida Amy

¿Qué tal te encuentras después de tu operación de apendicitis? Espero que mejores pronto. Para alegrarte un poco, voy a contarte cómo fue el viaje que acabo de hacer.

Fue un viaje de fin de curso como solemos hacer todos los años. Esta vez fuimos a ... ¡Tailandia! con todos nuestros compañeros del curso. Ahorramos durante todo el año. Ya teníamos la idea de realizar este viaje desde el año pasado. También hicimos muchos trabajitos. Lavamos coches, guardamos niños, hicimos las compras para las personas mayores. También limpiamos los cristales de varias urbanizaciones donde hay muchas casitas y chalets.

Algunos de nosotros nos fuimos a cantar y tocar la guitarra por las calles. Además organizamos tómbolas. Y finalmente, con la ayuda financiera de nuestros padres, reunimos dinero suficiente para diez días en Bangkok y la isla de Phuket.

El vuelo duró muchas horas y llegamos cansadísimos a nuestro destino. Tuvimos un día de descanso. Luego fuimos a visitar un templo cubierto de oro: una maravilla, ¡de verdad! Vimos los mercados que hay en el río, visitamos todas las tiendas para comprar blusas de seda y relojes muy baratos. Eran verdaderas gangas. Pero no me gustó el olor horrible que había en las calles. A veces era insoportable, y teníamos que taparnos la nariz con un pañuelo. Había demasiada gente en Bangkok, costaba mucho andar sin perder al grupo. ¡Fíjate, una vez perdimos a un profesor! Lo encontramos tres horas más tarde en el bar del hotel. Parecía muy asustado. Nos gustó mucho más nuestra estancia de seis días en la isla de Phuket. Aquello era un paraíso. Allí, cada día, solíamos nadar, tomar el sol, comer como reyes, y acostarnos muy tarde después de unas fiestas muy bonitas.

Bueno, espero verte en Alicante este verano para enseñarte las fotos de mi viaje ...

Hasta pronto.

Besos,

Lola

1 Tick the 5 jobs which Lola and her friends did to earn money.

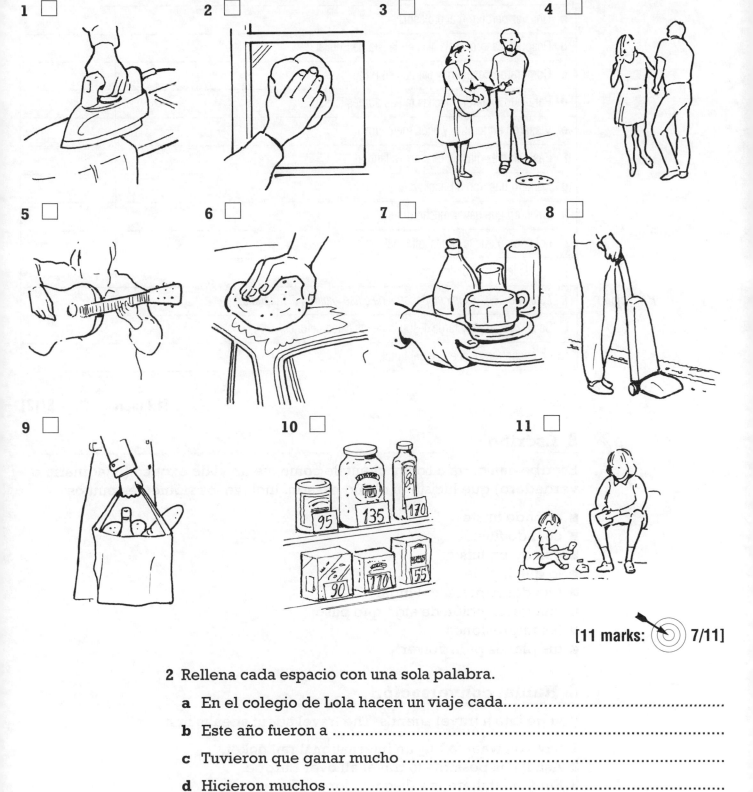

1 ☐ 2 ☐ 3 ☐ 4 ☐

5 ☐ 6 ☐ 7 ☐ 8 ☐

9 ☐ 10 ☐ 11 ☐

[11 marks: ◎ 7/11]

2 Rellena cada espacio con una sola palabra.

a En el colegio de Lola hacen un viaje cada...

b Este año fueron a ....

c Tuvieron que ganar mucho ....

d Hicieron muchos ....

e Limpiaron .... y ....[2]

f Tocaron la ....

g También .... en las calles.

[8 marks: ◎ 5/8]

3 Pon las frases en orden.

a	Una vez perdieron al profesor.	
b	Después pasaron seis días en la isla de Phuket.	
c	Compraron cosas muy baratas en Bangkok.	
d	Para esto hicieron muchas tareas domésticas.	
e	Visitaron un templo y unos mercados.	
f	Pasaron diez días en total en Tailandia.	
g	Primero llegaron a Bangkok.	
h	Tuvieron que ganar mucho dinero.	
i	Lola opinó que la capital olía mal.	
j	A Lola le gustó mucho más aquel paraíso.	
k	*Este año Lola y sus compañeros de clase viajaron a Tailandia.*	1
l	Se acostaron muy tarde después de las celebraciones.	
m	Lo encontraron en el bar del hotel.	

Ejemplo:

[12 marks: 8/12]

B Escribe

Escribe una carta a Lola y cuéntale cómo fue un viaje exótico (imaginario o verdadero) que hiciste tú el año pasado. Incluye los siguientes puntos:

- adónde fuiste
- cuándo fuiste
- con quién fuiste
- lo que hiciste
- una descripción del lugar
- una descripción de algo que pasó
- tus impresiones
- tus planes para volver.

C Habla: conversación

You go into a travel agent's. The travel agent speaks first.

1 Say you want to buy an international rail ticket.
2 Ask if it is possible to travel all over Europe.
3 Find out if there is a discount for students.
4 Be prepared to answer a question.

5.7 En el camping 'El Sol'

A Lee y contesta

Lee estos letreros de un camping. ¿En qué dirección hay que ir? ¿A la derecha o a la izquierda? Pon unas señales (✓) en la tabla.

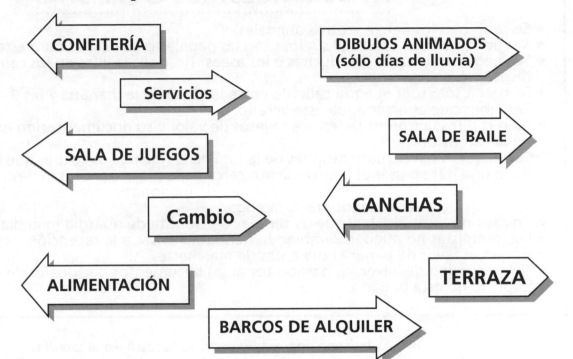

		<<< Izquierda	Derecha >>>
Ejemplo:	*Quieres comprar un pastel.*	✓	
	1 Quieres jugar al pingpong.		
	2 Quieres comprar comida.		
	3 Quieres ver una película.		
	4 Quieres jugar al tenis.		
	5 Quieres tomar un refresco al sol.		
	6 Tienes libras y necesitas euros.		
	7 Quieres remar.		
	8 Tu padre quiere afeitarse.		
	9 Quieres ir a una discoteca.		

[9 marks:  **6/9]**

B Lee y contesta

CAMPING 'EL SOL'
AVISO A NUESTROS CAMPISTAS

★ Se prohíben los perros y otros animales.
★ Se ruega no tirar basura al suelo. Usen las papeleras colocadas para este efecto.
★ Se ruega no fumar en las duchas o los aseos. Tiren sus colillas en los ceniceros a su disposición.
★ Se ruega sólo usar el agua caliente entre las 7–10 de la mañana y las 9–11 de la noche. Tenemos que ahorrar agua este verano.
★ ¡Ojo con los ladrones! Dejen sus objetos de valor y su documentación en la caja fuerte de la recepción.
★ Se ruega no hacer ruido después de la una de la noche. Los coches que lleguen después de la una deben usar el aparcamiento cerca de la playa para no molestar a los demás.
★ Se prohibe montar en bicicleta y todo uso de monopatín alrededor de las tiendas. Usen las pistas ciclables al fondo del camping.
★ En caso de incendio, hay que avisar al recepcionista de guardia inmediatamente.
★ Los campistas no pueden cambiar de tienda sin avisar a la recepción.
★ Hagan el favor de pagar el día antes de marcharse.
★ No se pueden devolver los pasaportes ni los documentos nacionales de identidad si el importe no está pagado.

Indica la frase correcta y escribe la letra en la casilla.

1 a No se puede fumar en ninguna parte del camping.
  b No se puede fumar en los servicios. ☐

2 a Se paga al llegar al camping.
  b Se paga al final de las vacaciones. ☐

3 a Si hay un incendio hay que avisar al recepcionista de guardia.
  b Si hay un incendio hay que llamar a los bomberos. ☐

4 Para obtener los pasaportes:
  a Hay que pedírselos al recepcionista.
  b Se tiene que pagar la factura. ☐

5 a Siempre se tiene que aparcar dentro del camping.
  b A ciertas horas se tiene que aparcar fuera del camping. ☐

6 a Se tiene que esconder cheques y dinero en las maletas.
  b Hay que dejar su dinero con el encargado del camping. ☐

[6 marks: ◎ 4/6]

C Habla: conversación

Has visto empezarse un incendio en tu camping. Han llegado los bomberos.
Explícale a uno de ellos lo que pasó. Él habla primero.

1 Contesta a la pregunta.
2 Explica las causas.
3 Di quién llamó.
4 Tres cosas dañadas por el incendio.

D Escribe

Escoge 1 o 2.

1 Escribe una postal a tu amigo/a describiendo tu camping y las diferentes
facilidades que ofrece. Menciona cinco aspectos positivos y dos
negativos. Escribe unas 100 palabras.
2 Acabas de pasar tres días en un camping con tu familia. Ibais a quedaros
dos semanas pero las cosas no salieron bien. Escribe una carta de unas
100 palabras al propietario del camping, quejándote. Menciona:

- las fechas de tu estancia
- dónde estaba situada vuestra tienda en el camping exactamente
- los vecinos de la tienda de al lado y lo que hacían
- el estado de los servicios
- el ruido
- lo que pasó cuando llovió
- pídele que devuelva vuestro dinero.

5.8 ¡Ojalá me tocara la lotería!

A Escucha y contesta

Escucha el casete y completa la tabla con los detalles adecuados.

	¿Adónde?	¿Por qué?	¿Cuánto tiempo?	¿Con quién?	Un detalle especial
Ejemplo: Carmela	*Nueva York*	*ver los rascacielos*	*3 semanas*	*Antonio Banderas*	*Hotel de 5 estrellas/ beber champán*
Pedro					
Marisol					
José					

[15 marks: 10/15]

B Escribe

Y tú, ¿qué harías si te tocara la lotería? Escribe sobre ese tema. Incluye lo siguiente:

■ tres cosas que harías tú con el dinero
■ si darías dinero a alguien
■ ¿Por qué?

5.9 Problemas al llegar a Buenos Aires

A Lee y contesta

Viajas a América del Sur. Lee las situaciones y empareja cada una con la decisión que le corresponde. Pon la letra correcta en la casilla.

Situaciones

Ejemplo: *Llegas al aeropuerto de Buenos Aires y alguien te roba una maleta.* b

1 Quieres ir al centro de la ciudad pero no encuentras un autobús.
2 Al llegar a tu hotel el portero dice que está completo.
3 Al llegar al segundo hotel ves un letrero que dice que el ascensor no funciona.
4 Al entrar en tu habitación ves que la cama no está hecha.
5 Al ir a otra habitación tienes sueño.
6 Después de una siesta tienes hambre.
7 Después de comer el camarero se equivoca al hacer la cuenta.
8 La cuenta dice 'servicio incluido' pero el camarero pide una propina.
9 Quieres información sobre la ciudad.
10 Empieza a llover.

Decisiones

a Te niegas a pagar más.
b *Denuncias el robo.*
c Te acuestas.
d Vas a un restaurante.
e Pides otra habitación.
f Vas a la oficina de turismo.
g Coges un taxi.
h Buscas otro hotel.
i Subes por la escalera.
j Te pones un impermeable.
k Pides que la vuelva a hacer.

[10 marks:  7/10]

B Habla: conversación

You are telling your Spanish friend about problems on holiday. She speaks first.

1 Say you lost your suitcase at the airport.
2 Say that the police found it an hour later.
3 Say that you took a taxi to the city centre.
4 Say that the first hotel was full.
5 Say that in the second hotel the lift did not work.
6 Be prepared to answer a question.

5.10 **Para un viaje sin problemas**

A **Escucha y contesta**

1 Vas a un país no europeo. ¿Cuáles de las siguientes cosas se mencionan?
Escucha el casete y pon una señal (✓) en **cuatro** de las casillas.

a ☐   b ☐   c ☐

d ☐   e ☐   f ☐

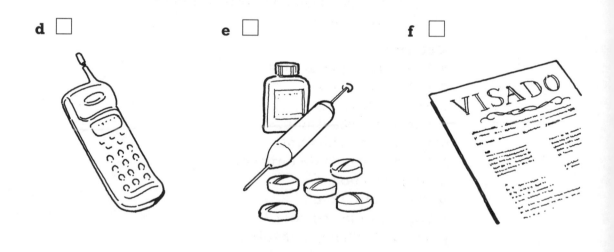

g ☐

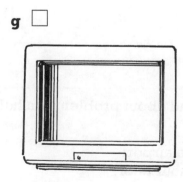

[7 marks: ◎ 4/7]

2 Escucha otra vez. ¿Una embajada o un consulado en el extranjero te puede ayudar en cuáles de las situaciones siguientes? Pon una señal en **tres** de las casillas.

a ☐

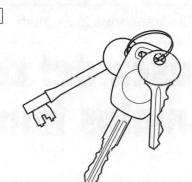

b ☐

c ☐

d ☐

e ☐

f ☐

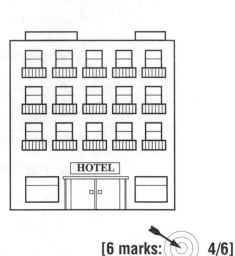

[6 marks: 4/6]

B Escribe

Rellena la ficha de abajo con tus datos personales.

PETICIÓN DE VISADO	
Nombre..	Edad..
Apellidos	Estado civil..
Dirección y número de teléfono.....................	País de origen..
....	Destino ....
Fecha de nacimiento	Nacionalidad ....

5.11 El coche limpio del futuro

A Lee y contesta

Read the text and answer the questions in English.

En busca del coche sin malos humos

Está claro. A nadie le gustan los coches actuales, pues no sólo utilizan un combustible caro, sino que sus emisiones son las principales causantes de la contaminación urbana. Pero no parece haber acuerdo a la hora de decidir qué alternativa debe ponerse en marcha. Los usuarios prefieren los automóviles de gas natural, muy barato y cómodo; las compañías petroleras apuestan por la gasolina ecológica; los ecologistas luchan por implantar el coche eléctrico, y los fabricantes se adaptan a cualquier fórmula: lo que quieren es seguir vendiendo automóviles.

Lo que parece evidente es que todos los implicados buscan con esfuerzo una misma piedra filosofal: el combustible que no contamine.

1 What two problems do cars present at the moment?

a ....

b ....

2 Match the people with the fuel. Put the correct number in each box.

a car drivers ☐   **1** ozone-friendly petrol

b ecologists ☐   **2** anything

c petrol companies ☐   **3** electricity

d car manufacturers ☐   **4** natural gas

3 What is the aim that everyone shares?

....

[7 marks: 4/7]

B Lee y contesta

Look at the diagram of the clean car of the future.

Todas las claves del futuro automóvil limpio

Ruedas
En el futuro serán más estrechas y duras, y su efectividad y rozamiento permitirán reducir el consumo de combustible.

Cristales
Utilizarán pigmentos ecológicos y deberán ir siempre cerrados. Así se disminuye el rozamiento y, por tanto, el consumo.

Escape
Filtros modernos y combustibles verdes disminuirán las emisiones gaseosas entre el 70 y el 80 por 100.

Depósito
Es un misterio qué tipo de carburante triunfará en este siglo. Entre los más prometedores está el hidrógeno.

Carrocería
Se fabricará con materiales compuestos no metálicos y reciclables y, asimismo, será mucho más ligera que las actuales.

Motor
Pequeño y más eficiente, combinará la combustión química y la eléctrica y estará dirigido por un ordenador.

Match the statements 1–11 below with the car parts by writing the appropriate letter(s) after each statement. Number 1 has been done as an example.

Ejemplo:

1 *will help reduce fuel consumption* ..A, D...

2 will be narrower ....

3 will be harder ....

4 will reduce toxic emissions by 70% to 80% ....

5 will use modern filters ....

6 will be computer-controlled ....

7 will use non-metallic materials ....

8 will be lighter ....

9 will be smaller and more efficient ....

10 will possibly use hydrogen ....

11 will always have to be closed ....

A	B	C	D	E	F
Wheels	Exhaust pipe	Fuel tank	Windows	Bodywork	Engine

[10 marks:  **6/10]**

C Habla: presentación

Prepara una presentación sobre el coche limpio del futuro.

D Escribe

Escribe un breve artículo (100–120 palabras) para un periódico, describiendo un coche nuevo que no daña el medio ambiente.

5.12 Qué hacer con la basura

A Lee y contesta

Lee el artículo y pon la letra correcta en la casilla para emparejar las frases.

Qué hacer con la basura

La mejor solución para tratar los residuos es el reciclado. Pero esta práctica todavía no es más que un buen deseo.

El tratamiento de los residuos es uno de los mayores retos a los que tienen que enfrentarse las ciudades modernas. Los ecologistas han reducido sus consejos al famoso eslogan de las tres erres: reducir, reciclar y reutilizar. Efectivamente, el reciclado es la alternativa más atractiva a la acumulación de basuras, mucho más que el vertido en centros controlados o la incineración. Pero ¿es realista?

Los datos objetivos no parecen muy claros. En España, sólo se recicla el 3 por 100 de la basura, y en los próximos 20 años se espera llegar al 25 por 100; un porcentaje pequeño para convertirse en una alternativa realista.

El reciclado se enfrenta tradicionalmente a dos obstáculos. El primero es que sólo resulta económicamente viable si la industria utiliza estos nuevos materiales en sustitución de las materias primas clásicas. Lo malo es que, en ocasiones, los productos reciclados son más caros.

El segundo impedimento es que las autoridades deben poner los medios suficientes para que el reciclado sea eficaz, lo que, a veces, no es posible. La idea de un mundo verde lleno de productos reciclados y limpios está muy lejos de la realidad. Habrá que seguir mejorando sus posibilidades. ■

Ejemplo: **1** *La mejor solución . . .*	**a** . . . se recicla ahora en España.
2 El eslogan consiste . . .	**b** . . . resultan más caros.
3 Reciclar . . .	**c** . . . reducir, reciclar y reutilizar.
4 El 25% de la basura en España se reciclará . . . [*d*]	**d** . . . *es reciclar.*
5 Sólo el 3% de la basura . . .	**e** . . . eficaz.
6 Hay que hacer un esfuerzo . . .	**f** . . . es una lucha para las ciudades modernas.
7 A menudo los productos reciclados . . .	**g** . . . en las tres erres.
8 Las tres erres son . . .	**h** . . . para mejorar las posibilidades de un mundo verde.
9 El reciclado debe ser . . .	**i** . . . dentro de 20 años.

[8 marks: 5/8]

B Escribe

Escribe una carta oficial a un periódico expresando tu opinión sobre los problemas ecológicos del lugar donde vives. Haz lo siguiente:

- presenta tu ciudad/pueblo y región
- explica los diferentes problemas que tienen
- propone algunas soluciones
- termina la carta de manera oficial.

5.13 En la radio

A Escucha y contesta

¿Qué tiempo hace hoy y mañana? Escucha el pronóstico del tiempo y pon la letra correcta en la casilla.

a
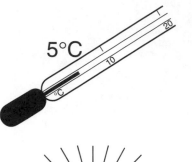
5°C

b

c

d

e

Hoy
1 0600–1200
2 1200–1800
3 1800–2400
4 Mañana

[4 marks:  3/4]

B Escucha y contesta

Escucha lo que dice la radio sobre Julio Bernardo López y rellena los espacios.

A Julio Bernardo López no se le ha visto desde **1** .... Tiene

2 .... años y lleva **3** .... azules y una

chaqueta **4** .... Tiene el **5** .... negro y

es **6** .... alto. Si le ven se ruega llamen a la

7 ....

[7 marks:  6/7]

C Escucha y contesta

Escucha la noticia y pon una señal en la casilla correcta.

1 El incendio estalló en
   a un estadio
   b una tienda
   c un parque
2 Ocurrió en
   a el centro de Barcelona
   b los alrededores de Barcelona
   c el campo
3 ¿Cuántas personas murieron?
   a 4
   b 14
   c 40
4 Los bomberos llegaron
   a en seguida
   b muy pronto
   c en 30 minutos
5 ¿Qué causó el incendio?
   a

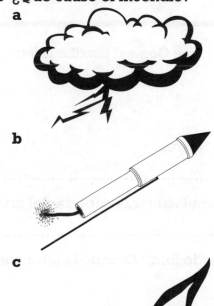

   b

   c

[5 marks: 3/5]

D Escribe

Asististe a un partido de fútbol y hubo un incendio en el estadio. Describe lo que pasó. Menciona:

■ la causa del incendio
■ lo que hicieron los espectadores
■ lo que hicieron los bomberos
■ lo que hiciste tú.

5.14 La lucha contra el crimen

A Lee y contesta

Ves este anuncio en la calle. Léelo y contesta a las preguntas.

> # RECOMPENSA
> ## de 10.000 euros ofrecida por el alcalde Julio Suárez.
>
> ¿Vd ha visto a Jaime Gómez, asesino del anciano, Gerardo Ruiz?
> Se ruega dé cualquier información a la policía.
> Descripción del asesino: de talla mediana, veinticinco años más o menos, pelo rapado, aro en oreja derecha.

1 ¿Por qué busca la policía a Jaime Gómez? Escribe la letra correcta en la casilla.
  a mató a un hombre
  b robó algo
  c estaba borracho
  d se escapó de la cárcel ☐

2 ¿Cuál es el oficio de Julio Suárez?

  ....

3 ¿Qué hace Julio Suárez para facilitar la captura del criminal?

  ....

4 ¿Cuántos años tenía Gerardo Ruiz? Escribe la letra correcta en la casilla.
  a unos 25 años
  b unos 30 años
  c unos 35 años
  d unos 70 años ☐

5 ¿Cuál de los retratos es el del asesino? Escribe la letra correcta en la casilla.
  a   **b**   **c**   **d**

☐

[5 marks: ⌖ 4/5]

B Habla: conversación

You have witnessed a crime. You saw an armed man walk into a bank, demand money and then escape in a car. A police officer is interviewing you about what you have seen. The police officer speaks first.

1 Give the time of the robbery.
2 Describe what you saw.
3 Describe the robber.
4 Say what the robber did when he left the bank.
5 Be prepared to answer a question.

C Escucha y contesta

Escucha estas cuatro noticias. Indica si cada noticia es de:
a un crimen
b política
c una ocasión especial
d un desastre

1 ☐
2 ☐
3 ☐
4 ☐

[4 marks: 3/4]

5.15 Una entrevista política

Lee y contesta

El periodista Juan López de *La Vanguardia* le hace preguntas al político, el señor Álvaro. Lee la entrevista y mira la tabla. Para cada frase, decide si es verdadera o falsa o si no se menciona.

Juan López	Señor Álvaro, ¿cree Vd que las relaciones entre nosotros y los Estados Unidos son normales?
Señor Álvaro	Sí, absolutamente normales.
Juan López	Pero ¡no puede ser! ¡Esto es increíble! Los americanos se niegan a hablar con nosotros.
Señor Álvaro	Exactamente. Los americanos no hablan con nosotros y nosotros no hablamos con los americanos. Es el caso desde hace casi dos años. Las relaciones son normales.
Juan López	¿Cómo podemos mejorar las cosas?
Señor Álvaro	La única cosa que les interesa a los americanos es el dinero. Quieren ahorrar dinero y quieren que el gobierno español gaste dinero. El caso es que los americanos tienen más dinero que nosotros, así que si quieren instalar una base militar en España, pues muy bien, pero ellos tienen que pagarla.
Juan López	¿No deberíamos compartir los gastos con los americanos?
Señor Álvaro	Con millones de españoles en paro, este país no puede compartir nada con nadie.
Juan López	¿Cree Vd que el gobierno actual es corrupto?
Señor Álvaro	El reciente escándalo fue una gran sorpresa para todos. Pero los culpables están en la cárcel. Creo que ahora tenemos un gobierno honesto.
Juan López	Señor Álvaro, muchas gracias.

		Verdadero	Falso	No se menciona
Ejemplo:	*Hay poca amistad entre los gobiernos de España y de los Estados Unidos.*	✓		
1	El periodista se sorprende al oír las primeras palabras del político.			
2	El político cree que los americanos son más pobres que los españoles.			
3	Los americanos quieren establecer una empresa en España.			
4	Señor Álvaro es del partido socialista.			
5	Los americanos quieren establecer a sus militares en España.			
6	El periodista sugiere que los españoles deben pagar algo.			
7	Hay poco desempleo en España.			
8	Juan López está casado y tiene cuatro hijos.			
9	El gobierno español ha sufrido un escándalo reciente.			
10	Unos ex-miembros del gobierno están en la prisión.			

[10 marks:  **8/10]**

5.16 Una boda internacional

A Lee y contesta

Lee este artículo y contesta a las preguntas.

Boda del año en Roma ayer

Hace cinco años, Teresa Díaz se fue de vacaciones a Roma con su familia. Tenía diecisiete años y en una discoteca conoció a su futuro marido. No sabía que el chico guapo con quien bailaba era el golfista más famoso del mundo, Xavier Ruiz. Cuando Teresa volvió a España ni siquiera escribió a Xavier. Se fue a Madrid a estudiar medicina sin darse cuenta de que Xavier quería cartearse con ella pero había perdido su dirección. Un día una criada suya lavaba un vaquero viejo y notó un papelito en un bolsillo. ¡Era la dirección de Teresa! Xavier escribió en seguida, Teresa contestó y decidieron encontrarse en París. Esto fue dos años después de su encuentro en Roma.

---

1 ¿En qué ciudad tuvo lugar la boda?

....

2 ¿Cuántos años tiene Teresa ahora?

....

3 ¿Por qué es célebre Xavier? Escribe la letra correcta en la casilla.
   a Es deportista.
   b Es médico.
   c Es propietario de una discoteca.
   d Es cartero. ☐

4 ¿Por qué no escribió Xavier a Teresa?

....

5 ¿Dónde había puesto la dirección?

....

6 ¿Quién encontró la dirección?

....

7 ¿En qué país se citaron?

....

8 Entre sus encuentros en Roma y en París ¿cuántas veces se vieron?

....

[8 marks: ◎ 5/8]

B Escribe

Escribe una carta a tu amiga española describiendo una boda que tuvo lugar ayer. Tú eras un(a) invitado/a. Menciona:

- dónde tuvo lugar
- cuántos invitados había
- algunos de los regalos
- lo que comisteis y bebisteis
- lo que llevaba la novia
- un incidente divertido o inesperado
- adónde fue la pareja en su luna de miel.

5.17 ¿Qué sabes del general Franco?

A Lee y contesta

Read the following text and answer the questions below in English.

España siempre recuerda los hechos que desencadenaron en tres años de Guerra Civil y cuarenta años de dictadura militar del general Francisco Franco. El 18 de julio de 1936 un grupo de oficiales se subleva y se pronuncia contra el régimen democrático de la Segunda República. La situación social en España era muy conflictiva.

En pocos días, el país quedó dividido, militar, geográfica y políticamente. El lado nacional se enfrenta al republicano. Es la primera guerra moderna, con bombardeos aéreos y la radio como instrumento de propaganda. Fue una guerra sangrienta, de venganzas y ajustes de cuentas. Un millón de personas murieron en este periodo de tiempo.

El país quedó en la ruina y empezó una dictadura que duró cuarenta años, hasta la muerte en la cama del general Francisco Franco.

Eli (20 años) y Alberto (18 años) son estudiantes del Instituto Bonaventura Gassol, de Santa Coloma de Gramenet, junto a Barcelona. El programa escolar español dedica, para los alumnos de 16/17 años, 4 horas a la Guerra Civil y poco más de 30 horas al franquismo . . .

1 On which date did Franco and his troops overturn the Second Republic?

....

2 Name the medium which played a vital role during that war.

....

3 How many people died?

....

4 How long did Franco's dictatorship last?

....

5 Where did Franco die?

....

6 How many hours do students in the Instituto Bonaventura Gassol spend studying

a the Spanish Civil War? ....

b 'Francoism'? .... [2]

[7 marks: 4/7]

B Escucha y contesta

Now listen to the cassette and answer the questions below in English.

1 Why did Eli not know much about the Civil War?

....

2 What does Eli think about the way the Civil War period is taught? State her three opinions:

a ....

b ....

c ....

3 How does she describe the influence Franco had on Spain?

....

4 Which three areas does she say Franco influenced?

a ....

b ....

c ....

[8 marks: 5/8]

C Escribe

Imagina tu experiencia personal durante una guerra. Escribe 100 palabras en tu diario secreto. Describe:

■ el país donde estás
■ la situación y los enemigos
■ lo que hay y lo que no hay de comer
■ cuánto tiempo va a durar la guerra
■ algo personal que encuentras difícil
■ algo que tuviste que hacer.